의무소방원 선발 필기시험
실전 모의고사(1~3회)

응시번호	
성 명	

【시험과목】

제1과목	제1과목	제1과목
국어	국사	일반상식(소방상식 포함)

응시자 준수사항

☞ 시험지를 받으면 "시험 감독관"의 지시에 따라 다음 사항을 반드시 지켜주시기 바랍니다.

1. 시험지 표지의 "문제 책형"을 확인하고, "응시번호 및 성명"을 기재하여 주시기 바랍니다.

2. 시험이 시작되면 시험지의 "과목순서", "페이지 수량"을 반드시 확인한 이후에 문제풀이 바랍니다.

3. 시험이 시작되면 문제를 주의 깊게 읽은 후, 문항의 취지에 가장 적합한 하나의 정답만을 고르며, 문제내용에 관한 질문은 받지 않습니다.

SEOWONGAK
(주)서원각

✏️ 국어

1~2 다음 글을 읽고 물음에 답하시오.

고전은 왜 읽는가? 고전 속에는 오랜 세월을 견뎌 온 지혜가 살아 있다. 그때도 그랬고 지금도 그렇다. 고전은 시간을 타지 않는다. 아주 오래전에 쓰인 고전이 지금도 힘이 있는 것은 인간의 삶이 본질적으로 변한 적이 없기 때문이다. 사람은 누구나 태어나 성장하고, 늙고 병들어 죽는다. 자기 성취를 위해 애쓰고, 좋은 배우자를 얻어 경제적으로 넉넉한 삶을 누리며 살고 싶어 한다. 하지만 좋은 집과 많은 돈만으로 채워지지 않는 그 무엇이 있다. 사람이 태어나 이 세상에 왔다 간 보람을 어디서 찾을까?

연암 박지원 선생의 글 두 편에서 그 대답을 찾아본다. 먼저 '창애에게 답하다[답창애(答蒼厓)]'란 편지글에는 문득 눈이 뜨인, 앞을 못 보던 사람의 이야기가 나온다. 수십 년 동안 앞을 못 보며 살던 사람이 길 가던 도중에 갑자기 사물을 또렷이 볼 수 있게 되었다. 얼마나 놀라운 일인가? 늘 꿈꾸던 믿을 수 없는 일이 일어났다. 하지만 기쁨은 잠시, 앞을 못 보는 삶에 길들여져 있던 그는 한꺼번에 쏟아져 들어온 엄청난 정보를 도저히 ㉠처리할 능력이 없었다. 그는 갑자기 자기 집마저 찾지 못하는 바보가 되고 말았다. 답답하여 길에서 울며 서 있는 그에게 화담 선생은 도로 눈을 감고 지팡이에게 길을 물으라는 처방을 내려 준다.

또 '하룻밤에 아홉 번 강물을 건넌 이야기'[일야구도하기(一夜九渡河記)]에서는 황하를 건널 때 사람들이 하늘을 우러러보는 이유를 설명했다. 거센 물결의 소용돌이를 직접 보면 그만 현기증이 나서 물에 빠지게 되기 때문이다. 그럼에도 물결 소리는 귀에 하나도 들리지 않는다. 눈에 보이는 것에 신경 쓸 겨를도 없는데 무슨 소리가 들리겠는가? 하지만 한밤중에 강물을 건널 때에는 온통 ㉡압도해 오는 물소리 때문에 모두들 공포에 덜덜 떨었다. 연암은 결국 눈과 귀는 전혀 믿을 것이 못 되고, 마음을 텅 비워 바깥 사물에 ㉢현혹되지 않는 것만 못하다고 결론을 맺는다.

이 두 이야기는 사실은 복잡한 정보화 사회를 살아가는 우리들이 귀담아들어야 할 내용이다. 사람들은 날마다 수 없이 많은 정보를 받아들여 처리한다. 그런데 정보의 양이 감당할 수 없을 만큼 늘어나고 그 속에 진짜와 가짜가 뒤섞이게 되면, 갑자기 앞을 보게 된 그 사람처럼 제집조차 못 찾거나, 정신을 똑바로 차린다는 것이 도리어 강물에 휩쓸리고 마는 결과를 낳는다. 앞을 못 보던 사람이 눈을 뜨는 것은 더없이 기쁘고 좋은 일이다. 위기 상황에서 정신을 똑바로 차리는 것은 언제나 중요하다. 하지만 그로 인해 자기 집을 잃고 미아가 되거나 더 큰 위험에 처하게 된다면, 차라리 눈과 귀를 믿지 않는 편이 더 나을지도 모른다.

고전은 '창애에게 답하다'에 나오는 그 지팡이와 같다. 갑자기 길을 잃고 헤맬 때 길을 알려 준다. 지팡이가 있으면 길에서 계속 울며 서 있지 않아도 된다. 하지만 사람들은 일단 눈을 뜨고 나면 지팡이의 ㉣존재를 까맣게 잊는다. 그러고는 집을 못 찾겠다며 길에서 운다. 고전은 그러한 사람에게 길을 알려 주는 든든한 지팡이다. 뱃길을 잃고 캄캄한 밤바다를 헤매는 배에게 멀리서 방향을 일러 주는 듬직한 등댓불이다.

1. 주어진 글의 주된 전개 방식으로 가장 적절한 것은?

① 예시와 비유를 통해 독자의 이해를 돕고 있다.
② 상반되는 두 주제를 유추를 통해 연결하고 있다.
③ 주제를 일정 기준에 따라 나누어 설명하고 있다.
④ 단어의 뜻을 이해하기 쉽게 풀어서 설명하고 있다.

2. 다음 중 ㉠~㉣의 문맥적 의미와 다르게 사용된 것은?

① ㉠ : 약품 처리한 토마토는 깨끗이 씻어서 먹어야 한다.
② ㉡ : 적군의 성난 기세에 압도된 병사들은 전장으로 나가길 꺼렸다.
③ ㉢ : 사기꾼의 말에 현혹되어 재산을 다 날렸다.
④ ㉣ : 그는 손에 있는 핸드폰의 존재는 까맣게 잊어버렸다.

3. 다음 중 밑줄 친 단어의 의미가 다른 것은?

① 유리는 손이 곱다는 칭찬을 줄곧 들어왔다.
② 찬바람에 손가락이 곱아 짐은커녕 아이도 들 수 없었다.
③ 고운 사람은 멱 씌워도 곱다.
④ 뒷마당에는 붉은 동백꽃이 곱게 피었다.

4. 다음을 읽고 ㉠에 들어갈 말로 적절한 것은?

관련성의 격률 : 관련성 있게 말하라.

〈예〉

A : 어제 저녁에는 뭐했어?

B : (㉠   )

① 오늘은 날씨가 안 좋아서 못 나가겠다.

② 어제 언니랑 영화 봤어.

③ 그냥 혼자 가는 게 어때?

④ 내가 오늘이 그 날이라고 말했던가?

5. 다음 글의 빈칸에 들어갈 문장으로 가장 적절한 것은?

나무도마는 칼을 무수히 맞고도 칼을 밀어내지 않는다. 상처에 다시 칼을 맞아 골이 패고 물에 쓸리고 물기가 채 마르기 전에 또 다시 칼을 맞아도 리드미컬한 신명을 부른다. 가족이거나 가족만큼 가까운 사이라면 한번쯤 느낌직한, 각별한 예의를 차리지 않다 보니 날것의 사랑과 관심은 상대에게 상처주려 하지 않았으나 상처가 될 때가 많다. 칼자국은 (   ) 심사숙고하는 문어체와 달리 도마의 무늬처럼 걸러지지 않는 대화가 날것으로 살아서 가슴에 요동치기도 한다. 그러나 칼이 도마를 겨냥한 것이 아니라 단지 음식재료에 날을 세우는 것일 뿐이라는 걸 확인시키듯 때론 정감 어린 충고가 되어 찍히는 칼날도 있다.

① 나무도마를 상처투성이로 만든다.

② 문어체가 아닌 대화체이다.

③ 세월이 지나간 자리이다.

④ 매섭지만 나무도마를 부드럽게 만든다.

6. '기부에 대한 인식 개선과 기부 문화 확산'을 위한 글을 쓰기 위해 〈보기〉와 같은 정보를 수집하였다. 글의 구조를 고려하여 다음의 정보를 활용할 때, 가장 부적절한 활용 방안은?

㉮ 최근 10년간 기부 참여도

㉯ 연예인 기부 사례

㉰ 최근 기부 사기로 인한 피해 사례

㉱ 다양한 기부 플랫폼 자료

㉲ 기부에 대한 대중들의 보편적인 인식

㉳ 기부 관련 명언

① 서론에 ㉲와 ㉮를 이용하여 기부 참여도가 낮은 사회 현상을 제시한다.

② 본론에서 ㉯와 ㉰를 이용해 다양한 기부 사례를 제시하여 기부에 대한 긍정적 인식을 제고한다.

③ ㉱를 이용하여 쉽고 다양한 방법으로 기부에 참여할 수 있음을 홍보한다.

④ 마지막으로 ㉳를 제시하며 기부를 독려한다.

7. 〈보기〉를 참고할 때 사이시옷을 적을 수 있는 것은?

〈보기〉

제 30 항 사이시옷은 다음과 같은 경우에 받치어 적는다.

1. 순우리말로 된 합성어로서 앞말이 모음으로 끝난 경우
   (1) 뒷말의 첫소리가 된소리로 나는 것
   (2) 뒷말의 첫소리 'ㄴ, ㅁ' 앞에서 'ㄴ' 소리가 덧나는 것
   (3) 뒷말의 첫소리 모음 앞에서 'ㄴㄴ' 소리가 덧나는 것
2. 순우리말과 한자어로 된 합성어로서 앞말이 모음으로 끝난 경우
   (1) 뒷말의 첫소리가 된소리로 나는 것
   (2) 뒷말의 첫소리 'ㄴ, ㅁ' 앞에서 'ㄴ' 소리가 덧나는 것
   (3) 뒷말의 첫소리 모음 앞에서 'ㄴㄴ' 소리가 덧나는 것
3. 두 음절로 된 다음 한자어 : 곳간(庫間), 셋방(貰房), 숫자(數字), 찻간(車間), 툇간(退間), 횟수(回數)5

① 위＋층

② 대＋잎

③ 가로＋줄

④ 전세＋방

┃8～9┃ 다음 글을 읽고 물음에 답하시오.

거사가 거울 하나를 갖고 있었는데, 먼지가 끼어서 흐릿한 것이 마치 구름에 가린 달빛 같았다. 그러나 그 거사는 아침 저녁으로 이 거울을 들여다보며 얼굴을 가다듬곤 했다. 한 나그네가 거사를 보고 이렇게 물었다.

"거울이란 얼굴을 비추어 보거나, 군자가 거울을 보고 그 맑음을 취하는 것으로 알고 있습니다. 지금 당신의 거울은 안개가 낀 것처럼 흐려서 둘 다 할 수 없습니다. 그럼에도 당신은 항상 그 거울에 얼굴을 비춰 보고 있으니, 그것은 무엇 때문입니까?"

"얼굴이 잘생긴 사람은 맑은 거울을 좋아하겠지만, 얼굴이 못생긴 사람은 오히려 싫어할 것입니다. 그러나 잘생긴 사람은 적고 못생긴 사람은 많습니다. 못생긴 사람이 맑은 거울을 본다면 반드시 깨뜨릴 것입니다. 그러니 깨뜨려질 바에야 차라리 먼지에 흐려진 채로 두는 편이 나을 것입니다. 먼지로 흐려진 것은 겉은 흐릴지라도 그 맑은 바탕은 없어지지 않으니, 잘생긴 사람을 만난 후에 갈고 닦아도 늦지 않습니다. 아! 옛날에 거울을 보는 사람들은 그 맑음을 취하기 위함이었지만 내가 거울을 보는 것은 오히려 흐림을 취하고자 하는 것인데, 그대는 어찌 이를 이상하다 생각합니까?" 하니,

나그네는 아무 대답이 없었다.

                 – 이규보, 「경설」 –

8. 제시된 글에 대한 특징으로 옳지 않은 것은?

① 거사와 나그네의 대화 형식으로 전개되고 있다.

② 인물 간의 갈등이 해소되면서 교훈이 드러난다.

③ 거울이라는 사물을 통해 올바른 삶의 자세를 드러낸다.

④ 통념을 깨뜨리는 방식으로 작가의 의도를 드러낸다.

9. 주어진 글에서 '나그네'의 역할로 적절한 것은?

① 주된 대상에 대해 새로운 개념을 제시한다.

② 벌어진 사건의 외부 관찰자로서 객관적인 의견을 제시한다.

③ 통념을 제시하여 상대가 새로운 이치를 주장할 기회를 제공한다.

④ 사건을 요약하여 독자의 이해를 높이고 있다.

10. 다음 〈보기〉의 규칙이 적용된 예시로 적절하지 않은 것은?

〈보기〉

한자음 '녀, 뇨, 뉴, 니'가 단어 첫머리에 올 적에는, 두음법칙에 따라 '여, 요, 유, 이'로 적는다.

단, 접두사처럼 쓰이는 한자가 붙어서 된 말이나 합성어에서는 뒷말의 첫소리가 'ㄴ'으로 나더라도 두음법칙에 따라 적는다.

① 남존여비

② 신여성

③ 만년

④ 신연도

┃11～12┃ 다음 글을 읽고 물음에 답하시오.

한숨아 세(細) 한숨아, 네 어느 틈으로 들어오느냐.

고모장지[1] 세살장지 들장지 열장지에 암돌쩌귀[2] 수톨쩌귀 배목 걸쇠 뚝딱 박고 크나큰 자물쇠로 깊숙이 채웠는데 병풍이라 덜컥 접고 족자라 대그르르 말고 네 어느 틈으로 들어오느냐.

아마도 너 온 날 밤이면 잠 못 들어 하노라.

                 – 작자 미상 –

1) 장지 : 방과 방 사이, 또는 방과 마루 사이에 칸을 막아 끼우는 문.

2) 돌쩌귀 : 문짝을 문설주에 달아 여닫는 데 쓰는 두 개의 쇠붙이. 암짝은 문설주에, 수짝은 문짝에 박아 맞추어 꽂는다.

11. 주어진 글에 나타난 화자의 심정으로 가장 적절한 것은?

① 그리운 님을 만나는 설렘

② 세상의 시름으로 인한 고뇌

③ 자연 속에서 느끼는 안도감

④ 임금에 대한 깊은 충정

12. 주어진 글의 표현상의 특징으로 옳지 않은 것은?

① 대상을 의인화하여 대화하는 방식으로 전개하고 있다.

② 시어를 장황하고 과장되게 나열하여 해학성을 드러낸다.

③ 실생활과 밀착된 소재를 사용하여 생생한 느낌을 준다.

④ 다양한 음성 상징어를 통해 정적인 분위기를 이끌어 간다.

13. 다음 내용에 어울리는 한자성어로 가장 적절한 것은?

> 진실로 능히 옛것을 본받으면서 변화할 줄 알고, 새것을 만들면서 법도에 맞을 수만 있다면 지금 글도 옛글만큼 훌륭하게 쓸 수 있을 것이다.

① 전전반측(輾轉反側)
② 온고지신(溫故知新)
③ 낭중지추(囊中之錐)
④ 후안무치(厚顔無恥)

14. 다음 중 표준 발음법에 대한 설명과 그 예시로 적절하지 않은 것은?

① 시계[시계/시게] : '예, 례' 이외의 'ㅖ'는 [ㅔ]로도 발음한다.
② 밟다[밥 : 따] : 겹받침 'ㄳ', 'ㄵ', 'ㄼ, ㄽ, ㄾ', 'ㅄ'은 어말 또는 자음 앞에서 각각 [ㄱ, ㄴ, ㄹ, ㅂ]으로 발음한다.
③ 닿소[다 : 쏘] : 'ㅎ(ㄶ, ㅀ)' 뒤에 'ㅅ'이 결합되는 경우에는, 'ㅅ'을 [ㅆ]으로 발음한다.
④ 쫓다[쫃따] : 받침 'ㄲ, ㅋ', 'ㅅ, ㅆ, ㅈ, ㅊ, ㅌ', 'ㅍ'은 어말 또는 자음 앞에서 각각 대표음 [ㄱ, ㄷ, ㅂ]으로 발음한다.

| 15 ~ 17 | 다음 글을 읽고 물음에 답하시오.

(가)

　허생은 묵적골에 살았다. 곧장 남산(南山) 밑에 닿으면, 우물 위에 오래된 은행나무가 서 있고, 은행나무를 향하여 사립문이 열렸는데, 두어 칸 초가는 비바람을 막지 못할 정도였다. 그러나 허생은 글 읽기만 좋아하고, 그의 처가 남의 바느질품을 팔아서 입에 풀칠을 했다. 하루는 그의 처가 몹시 배가 고파서 울음 섞인 소리로 말했다.

　"당신은 평생 과거(科擧)를 보지 않으니, 글을 읽어 무엇합니까?"

　허생은 웃으며 대답했다.

　"나는 아직 독서를 익숙히 하지 못하였소."

　"그럼 장인바치 일이라도 못 하시나요?"

　"장인바치 일은 본래 배우지 않은 걸 어떻게 하겠소?"

　"그럼 장사는 못 하시나요?"

　"장사는 밑천이 없는 걸 어떻게 하겠소?"

　처는 왈칵 성을 내며 소리쳤다.

　"밤낮으로 글을 읽더니 기껏 '어떻게 하겠소?' 소리만 배웠단 말씀이오? 장인바치 일도 못 한다, 장사도 못 한다면, 도둑질이라도 못 하시나요?"

　허생은 읽던 책을 덮어 놓고 일어나면서,

　"아깝다. 내가 당초 글 읽기로 십 년을 기약했는데, 인제 칠 년인걸……."

하고 획 문밖으로 나가 버렸다.

(나)

　허생은 거리에 서로 알 만한 사람이 없었다. 바로 운종가(雲從街)로 나가서 시중의 사람을 붙들고 물었다.

　"누가 서울 성중에서 제일 부자요?"

　변씨(卞氏)를 말해 주는 이가 있어서, 허생이 곧 변씨의 집을 찾아갔다. 허생은 변씨를 대하여 길게 읍(揖)하고 말했다. (ⓐ)"내가 집이 가난해서 무얼 좀 해 보려고 하니, 만 냥(兩)을 꾸어주시기 바랍니다."

　변씨는

　"그러시오."

하고 당장 만 냥을 내주었다. 허생은 감사하다는 인사도 없이 가 버렸다.

　변씨 집의 자제와 손들이 허생을 보니 거지였다. 실띠의 술이 빠져 너덜너덜하고, 갖신의 뒷굽이 자빠졌으며, 쭈그러진 갓에 허름한 도포를 걸치고, 코에서 맑은 콧물이 흘렀다. 허생이 나가자, 모두들 어리둥절해서 물었다.

　"저이를 아시나요?"

　"모르지."

　"아니, 이제 하루 아침에, 평생 누군지도 알지 못하는 사람에게 만 냥을 그냥 내던져 버리고 성명도 묻지 않으시다니, 대체 무슨 영문인가요?"

　변씨가 말하는 것이었다.

　"이건 너희들이 알 바 아니다. 대체로 남에게 무엇을 빌리러 오는 사람은 으레 자기 뜻을 대단히 선전하고, 신용을 자랑하면서도 비굴한 빛이 얼굴에 나타나고, 말을 중언부언하게 마련이다. 그런데 저 객은 형색은 허술하지만, 말이 간단하고, 눈을 오만하게 뜨며, 얼굴에 부끄러운 기색이 없는 것으로 보아, 재물이 없어도 스스로 만족할 수 있는 사람이다. 그 사람이 해 보겠다는 일이 작은 일이 아닐 것이매, 나 또한 그를 시험해 보려는 것이다. 안 주면 모르되, 이왕 만 냥을 주는 바에 성명은 물어 무엇을 하겠느냐?"

－ 박지원, 「허생전」 －

15. 제시된 글의 내용 중 (가)에서 허생의 처가 허생에게 한 충고의 말과 의미가 상통하는 속담은?

① 수염이 석 자라도 먹어야 양반
② 천 리 길도 한 걸음부터
③ 번갯불에 콩 볶아 먹는다.
④ 바른말 하는 사람은 귀염 못 받는다.

16. 주어진 글에서 @에 들어갈 지문으로 적절하지 않은 것은?

① 단도직입적으로

② 당당하게

③ 쭈뼛대며

④ 자신있는 목소리로

17. 변씨의 사람됨에 대한 평가로 옳지 않은 것은?

① 보는 눈이 넓으며 일을 대범하게 처리하는 인물

② 치밀한 관찰력을 갖고 상황을 판단할 줄 아는 인물

③ 일의 시작에 앞서 성취 여부를 꼼꼼히 따지는 인물

④ 다양한 사람을 겪어본 경험으로 판단력이 빠른 인물

┃18 ~ 20┃ 다음 글을 읽고 물음에 답하시오.

동물실험이란 교육, 시험, 연구 및 생물학적 제제의 생산 등 과학적 목적을 위해 동물을 대상으로 실시하는 실험 및 그 절차를 말한다. 동물실험은 오랜 역사를 가진 만큼 이에 대한 찬반 입장이 복잡하게 얽혀있다.

인간과 동물의 몸이 자동 기계라고 보았던 근대 철학자 데카르트는 동물은 인간과 달리 영혼이 없어 쾌락이나 고통을 경험할 수 없다고 믿었다. 데카르트는 살아있는 동물을 마취도 하지 않은 채 해부 실험을 했던 것으로 악명이 ㉠높다. 당시에는 마취술이 변변치 않았을 뿐더러 동물이 아파하는 행동도 진정한 고통의 반영이 아니라고 보았기 때문에, 그는 양심의 가책을 느끼지 않았을 것이다. 칸트는 이성 능력과 도덕적 실천 능력을 가진 인간은 목적으로서 대우해야 하지만, 이성도 도덕도 가지지 않는 동물은 그렇지 않다고 보았다. 그는 동물을 학대하는 일은 옳지 않다고 생각했는데, 동물을 잔혹하게 대하는 일이 습관화되면 다른 사람과의 관계에도 문제가 생기고 인간의 품위가 손상된다고 보았기 때문이다.

동물실험을 옹호하는 여러 입장들은 인간은 동물이 가지지 않은 언어 능력, 도구 사용 능력, 이성 능력 등을 가진다는 점을 근거로 삼는 경우가 많지만, 동물들도 지능과 문화를 가진다는 점을 들어 인간과 동물의 근본적 차이를 부정하는 이들도 있다. 현대의 공리주의 생명윤리학자들은 이성이나 언어 능력에서 인간과 동물이 차이가 있더라도 동물실험이 정당화되는 것은 아니라고 본다. 이들에게 도덕적 차원에서 중요한 기준은 고통을 느낄 수 있는지 여부이다. 인종이나 성별과 무관하게 고통은 최소화되어야 하듯, 동물이 겪고 있는 고통도 마찬가지이다. 이들이 문제 삼는 것은 동물실험 자체라기보다는 그것이 초래하는 전체 복지의 감소에 있다. 따라서 동물에 대한 충분한 배려 속에서 전체적인 복지를 증대시킬 수 있다면, 일부 동물실험은 허용될 수 있다.

이와 달리, 현대 철학자 리건은 몇몇 포유류의 경우 각 동물 개체가 삶의 주체로서 갖는 가치가 있다고 주장하면서, 이 동물에게는 실험에 이용되지 않을 권리가 있다고 본다. 이러한 고유한 가치를 지닌 존재는 존중되어야 하며 결코 수단으로 취급되어서는 안 된다. 따라서 개체로서의 가치와 동물권을 지니는 대상은 그 어떤 실험에도 사용되지 않아야 한다.

18. 윗글의 중심내용으로 가장 적절한 것은?

① 동물실험에 대한 인식 변화

② 동물의 치료 효과에 대한 철학자들의 논쟁

③ 동물실험에 대한 학자들의 견해

④ 동물실험의 실효성에 대한 논의

19. 윗글의 내용과 일치하는 것은?

① 동물실험에 대해서는 역사상 모든 학자들이 반대하였다.

② 데카르트는 마취술을 발전시키기 위한 연구에 몰두했다.

③ 현대의 공리주의 생명윤리학자들은 동물이 이성이나 언어적으로 인간과 차이가 없다고 판단한다.

④ 리건은 동물이 가지는 개체로서의 가치를 존중하기 때문에 동물 실험을 반대한다.

20. 윗글의 ㉠과 문맥상 의미가 가장 유사한 것은?

① 굽이 높은 구두 때문에 걸음걸이가 어색해 보인다.

② 명성이 높은 교수를 초청하기엔 예산이 부족하다.

③ 예년보다 높은 기온으로 무더위가 장기화 될 것으로 보인다.

④ 높은 비난의 소리에도 판사의 판결은 변하지 않았다.

1. 다음 유물이 만들어진 시대의 상황으로 옳은 것은?

① 비파형 동검을 제작하였다.
② 농업생산력이 증대되면서 계급 사회가 성립되기 시작하였다.
③ 무리를 지어 이동생활을 하였다.
④ 대표적인 토기로 서울 암사동 등에서 발견된 빗살무늬 토기가 있다.

2. 다음 중 고조선의 세력 범위가 만주에서 한반도에 걸쳐 있었음을 보여 주는 유물들로 묶인 것은?

> ㉠ 탁자식 고인돌   ㉡ 거친무늬 거울
> ㉢ 미송리식 토기   ㉣ 반달돌칼
> ㉤ 바둑판식 고인돌

① ㉠, ㉡, ㉢   ② ㉠, ㉢, ㉣
③ ㉡, ㉢, ㉤   ④ ㉡, ㉣, ㉤

3. 다음 지도의 (가) 나라에 대한 설명으로 옳지 않은 것은?

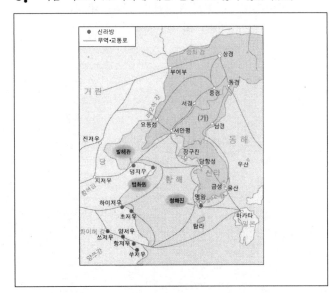

① 고구려 계승의식을 뚜렷하게 가지고 있었다.
② 신라와는 적대적인 관계를 유지하였다.
③ 지방행정조직을 5경 15부 62주로 정비하였다.
④ 독자적인 연호를 사용하였다.

4. 다음 표의 ㉠~㉣ 중 옳지 않은 것은?

	귀족합의제	수상
고구려	㉠ 제가회의	㉡ 대대로
백제	㉢ 집사부회의	상좌평
신라	화백회의	㉣ 상대등

① ㉠
② ㉡
③ ㉢
④ ㉣

5. 다음 중 각 나라의 교육기관이 바르게 연결되지 않은 것은?

① 발해 – 주자감
② 신라 – 국학
③ 고구려 – 태학
④ 백제 – 국자감

6. 다음 내용과 관련된 '왕'이 실시한 정책으로 옳지 않은 것은?

> 왕권 안정을 위해 불법으로 노비가 된 자를 양인으로 해방시켜주는 노비안검법을 시행하여 호족세력을 약화시켰다.

① 후주에서 귀화한 쌍기의 건의를 받아들여 과거제를 실시하였다.
② 지방에 12목을 설치하고 지방관을 파견하였다.
③ 백관의 공복을 제정하였다.
④ 광덕, 준풍이라는 독자적인 연호를 사용하였다.

7. 고려시대 (가) 신분에 대한 설명으로 옳은 것은?

> • 귀 족 : 왕족, 고위 관리
> • 중류층 : _____(가)_____
> • 양 민 : 백정 등
> • 천 민 : 공·사노비

① 음서, 공음전 등을 통해 많은 특권을 누렸다.
② 재산으로 간주되어 매매, 상속, 증여가 가능하였다.
③ 중앙 관청의 말단 관리나 궁중의 실무 관리로 일하였다.
④ 향, 부곡, 소 거주민은 차별을 받았다.

8. 다음에서 설명하는 고려의 군사제도로 알맞은 것은?

> 무신정권 시기에 다분히 사병적인 요소도 있었다. 그러나 항몽전에서는 그 선두에서 유격전술로 몽골병을 괴롭혔으며, 무신정권이 무너지고 몽골과 강화가 성립되고 고려정부가 개경으로 환도하자 개경정부 및 몽골과 대항하여 항쟁하였다.

① 연호군
② 광군
③ 별무반
④ 삼별초

9. 다음에 나타난 (가) 왕에 대한 설명으로 옳지 않은 것은?

> 신성왕 태후 김 씨는 신라인 잡간 억겸의 딸이다. 신라왕 김부(경순왕)가 사신을 보내어 항복하기를 청하니 _____(가)____ (이)가 이를 후히 대접하고 왕에게 고하라 하여 이르기를 "지금 왕이 나라를 과인에게 주니 그 줌이 크도다. 바라건대 종실과 결혼하여 사위와 장인의 친분을 길이 하고자 하노라." 하니 김부가 회보하기를 "우리 백부 억겸에게 딸이 있는데 그 용모가 두루 아름다운지라. 이 딸이 아니면 내정을 고루 갖출 수 없을 것이다." 하므로 _____(가)____ (이)가 드디어 이를 취하여 안종을 낳았다.
>
> – 「고려사」 –

① 사심관 제도를 실시하였다.
② 민생 안정을 위해 흑창을 설치하였다.
③ 경학을 국자감으로 개칭하여 개경에 설치하였다.
④ 서경을 중시하고 북진 정책을 추진하였다.

10. 다음 자료와 관련된 역사적 사실로 옳은 것은?

> 김윤후는 고종 때의 사람으로 일찍이 중이 되어 백현원에 있었다. 적들이 이르자, 윤후가 처인성으로 난을 피하였는데, 원수 살리타가 와서 성을 치매 윤후가 이를 사살하였다. 왕은 그 공을 가상히 여겨 상장군의 벼슬을 주었으나 이를 사양하고 받지 않았다.

① 4군 6진 개척
② 몽고의 침입
③ 동북 9성 축조
④ 교정도감 설치

11. 다음에 나타난 화폐와 관련된 인물의 정책으로 옳지 않은 것은?

> 당백(當百)은 상평통보보다 100배의 가치가 있다는 뜻이다. 그러나 그 실제 가치는 상평통보의 5~6배에 불과하였고, 대량으로 발행되면서 화폐 유통 질서가 혼란에 빠져 물가가 폭등하였다.

① 경복궁 중건
② 호포제 실시
③ 서원 철폐
④ 비변사 기능 확대

12. 밑줄 친 '이 전쟁'과 관련된 사실로 옳은 것은?

> • 이 전쟁 때 조선에서 수많은 책을 약탈하고 도공을 끌고 간 일본은 그 후 고도의 출판문화, 도자기 문화를 꽃피웠다.
> • 유성룡은 이 전쟁의 비극을 「징비록」이라는 기록으로 남겼다.

① 강홍립이 금나라에 항복하였다.
② 인조가 삼전도의 굴욕을 당하였다.
③ 권율이 행주산성에서 승리를 거두었다.
④ 비변사가 상설기구화 되었다.

13. 다음에 나타난 정치 세력 ㈎에 대한 설명으로 옳은 것은?

> 「성종실록」 편찬을 담당했던 김일손이 성종 23년 기사를 쓰면서 자기의 스승인 김종직이 죽었다는 사실과 김종직이 사초에 쓴 조의제문을 실었는데, ___㈎___ 는 이를 반격의 빌미로 이용하였다. 조의제문은 세조의 왕위 찬탈을 비판하는 것일 뿐 아니라, 세조로부터 왕위를 물려받은 예종, 성종, 연산군 등을 왕권의 정통성을 인정할 수 없다는 것으로 해석될 수 있다.

① 성리학 이외의 학문은 이단으로 배척하였다.
② 과학과 기술을 중시하였다.
③ 예학과 보학을 발달시켰다.
④ 주로 전랑과 3사의 언관직에서 활동하였다.

14. 다음 글의 밑줄 친 ㉠ ~ ㉣에 대한 설명으로 옳지 않은 것은?

> 조선은 고려의 교육제도를 이어받아 서울에 국립 교육기관인 ㉠성균관을 두었으며, 중등 교육 기관으로 중앙의 ㉡4부 학당(4학)과 지방의 ㉢향교가 있었다. 또, 사립 교육 기관으로 서원과 ㉣서당 등이 있었는데, 이들은 계통적으로 연결되지 않고 각각 독립된 교육 기관이었다.

① ㉠ – 조선시대 최고의 교육기관이었다.
② ㉡ – 소학, 4서를 중심으로 교수 · 훈도가 지도하였다.
③ ㉢ – 지방 양반, 향리의 자제 및 양인이 입학하였다.
④ ㉣ – 고등교육기관으로 사학이었다.

15. 갑신정변, 동학농민운동, 갑오개혁, 독립협회가 공통적으로 추진하였던 계획으로 옳은 것은?

① 재정의 일원화
② 조세 개혁
③ 평등 사회 추구
④ 외세 배격

16. 다음 방침의 발표 계기로 옳은 것은?

> • 사범학교 설치, 대학 교육 허용(경성제국 대학)
> • 보통경찰제의 실시
> • 치안유지법 제정

① 6 · 10 만세 운동
② 3 · 1 운동
③ 광주학생항일운동
④ 대한민국임시정부 수립

17. 다음 지도의 독립운동 조직에 대한 설명으로 옳은 것은?

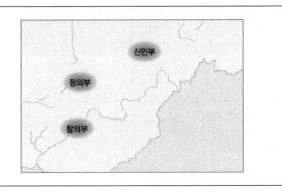

① 군정과 민정 조직을 갖춘 자치 기구였다.
② 자유시 참변으로 무장해제를 당하였다.
③ 조선혁명선언을 통해 폭력 투쟁을 천명하였다.
④ 이봉창과 윤봉길이 활동하였다.

18. 다음에 해당하는 조약은 무엇인가?

> • 치외법권을 인정한 불평등 조약
> • 조선을 자주국으로 규정
> • 부산, 원산, 인천의 3개 항구를 개항
> • 해안측량권 허용

① 제물포 조약
② 정미7조약
③ 한성조약
④ 강화도 조약

19. 다음 내용과 관련된 역사적 사건으로 옳은 것은?

내무부는 그 해 11월부터 이듬해 2월 사이에 전국 각급 기관장에게 4할 사전투표, 3인조 또는 5인조 공개투표, 완장부대 활용, 야당 참관인 축출 등의 구체적인 부정선거 방법을 극비리에 지시하였다. 사전투표가 여의치 않을 경우 투표함 수송 도중 투표함을 교체하거나 개표 시에 표를 바꿔치는 방법도 강구하였다.

① 부·마 항쟁이 일어나게 된다.
② 반공을 국시의 제일로 삼게 된다.
③ 5·18 광주 민주화 운동이 일어나게 된다.
④ 4·19 혁명의 직접적인 원인이 된다.

20. 다음에 나타난 정부의 시책으로 옳은 것은?

이 정권은 금융실명제 단행을 최고의 업적으로 꼽았고, 이와 관련한 금융사고는 특히 엄하게 다뤘다. 지난 1월 서울은행장과 동화은행장을 사퇴시킨 것도 금융실명제 위반 책임을 물은 것이었다.

① 경의선과 동해선의 연결을 추진하였다.
② 경제협력개발기구(OECD)에 가입하는 등 시장개방정책을 추진하였다.
③ 제2차 경제개발 5개년 계획을 실시하였다.
④ 북방 정책을 실시하여 소련·중국과 수교하였다.

1. 사회집단에 대한 다음 설명 중 옳지 않은 것은?

① 준거집단은 행위나 판단의 기준을 제공해 주는 집단이다.
② 집단과의 동일시 여부에 따라 내집단과 외집단으로 나눌 수 있다.
③ 외집단에서는 유대감, 협동심 등의 소속의식이 강조된다.
④ 원초집단은 개인과 사회를 연결해 주며, 사회통제의 기능을 담당한다.

2. 다음 상황에 적절한 용어는?

한국기계원이 발간한 「한·중·일 공작기계 및 기계요소 수출경쟁력 분석 및 제언 보고서」에 따르면 기계요소 분야의 최근 10년간 수출 경쟁력은 일본이 절대 우위를 지켰다. 이어 중국이 2위, 우리나라가 최하위를 기록했다. 기술력 면에서는 일본에 뒤지고 규모와 가격 면에서는 중국에 밀리는 상황에 처한 것이다.

① 블랙스완   ② 치킨게임
③ 넛 크래커   ④ 꼬리 리스크

3. 다음 중 '자기 문화를 가장 우수한 것으로 믿으며, 다른 문화는 부정적으로 평가하는 태도'를 지닌 문화 태도로 가장 알맞은 것은?

① 문화 사대주의
② 문화 상대주의
③ 극단적 상대주의
④ 자문화 중심주의

4. 다음 내용과 관련된 역사적 사건은?

• 자유주의의 확대
• 계몽사상의 영향
• 시민 계급의 성정

① 시민 혁명   ② 산업 혁명
③ 인클로저 운동   ④ 십자군 운동

5. 사회보장제도에 대한 설명으로 옳은 것은?

① 우리나라 사회보장제도는 사회보험, 공공부조, 사회복지 서비스로 구분된다.

② 공공부조의 대상자는 보험료 부담 능력이 있는 사람이다.

③ 사회보험은 강제성을 띠지 않는다.

④ 사회보험은 비용을 국가에서 부담하는 반면, 공공부조는 피보험자가 부담한다.

6. 문화의 특징으로 옳은 것은?

① 대대로 전승되지 못하고 단절된다.

② 한번 형성된 문화는 변하지 않는다.

③ 일정한 지역 사람들이 서로 공유한다.

④ 문화는 그 자체로 독립되어 존재한다.

7. 경제주체들이 돈을 움켜쥐고 시장에 내놓지 않는 상황을 가리키는 용어는 무엇인가?

① 디플레이션　　　　② 피구효과

③ 톱니효과　　　　　④ 유동성 함정

8. 실제로는 은행의 건전성에 큰 문제가 없지만 예금주들이 은행 건전성의 의문을 갖고 비관적으로 생각하는 경우 발생하는 현상을 일컫는 용어는?

① 전대차관　　　　　② 뱅크 런

③ 워크아웃　　　　　④ 빅딜

9. 가벼운 원자핵이 서로 충돌·융합하여 보다 무거운 원자핵을 만드는 과정에서 에너지를 만드는 핵융합 현상을 일으키는 원소는?

① 토륨　　　　　　　② 라듐

③ 우라늄 235　　　　④ 중수소

10. 마찰이 없는 수평면 위에서 $3kg$의 수레를 밀었더니 가속도가 $10m/s^2$이었다. 같은 힘으로 어떤 수레를 밀었을 때의 가속도가 $5m/s^2$이었다면, 이 수레의 무게는?

① 1.5kg　　　　　　② 3kg

③ 6kg　　　　　　　④ 9kg

11. 고체의 연소형태로 발염을 동반하지 않는 것은?

① 혼합연소　　　　　② 표면연소

③ 확산연소　　　　　④ 분해연소

12. 온도가 높은 순서로 바른 것은?

① 인화점＜연소점＜발화점

② 인화점＞연소점＜발화점

③ 인화점＞연소점＞발화점

④ 인화점＜연소점＞발화점

13. 다음 중 포 소화약제에 대한 설명으로 옳은 것은?

① 탄산수소나트륨을 물에 녹이고 황산알미늄을 넣어 두는 것이 수성막포이다.

② 단백포는 보존기간이 길다.

③ 수성막포는 소화력이 우수하며 화학적으로 안정적이다.

④ 알코올형포는 불소계 습윤제와 합성계면활성제계로 구분된다.

14. 「소방공무원법령」상 소방조직에 대한 설명으로 틀린 것은?

① 소방령 이상의 국가소방공무원은 소방청장의 제청으로 국무총리를 거쳐 대통령이 임용한다.

② 소방총감은 대통령이 임명한다.

③ 소방준감 이하의 국가소방공무원에 대한 전보, 휴직, 직위해제, 강등, 정직 및 복직은 소방청장이 한다.

④ 소방경 이하의 국가소방공무원은 소방본부장이 임용한다.

15. 「재난 및 안전관리 기본법」에서 행정안전부장관이 재난관리체계 등의 정비·평가결과를 보고하는 곳은?

① 대통령
② 국무회의
③ 중앙안전관리위원회
④ 중앙재난대책본부

16. 「소방공무원 징계령」상 소방공무원의 징계 종류로 옳지 않은 것은?

① 정직
② 감봉
③ 견책
④ 훈계

17. 「재난 및 안전관리 기본법」상 중앙긴급구조통제단에 대한 설명으로 옳지 않은 것은?

① 중앙긴급구조통제단은 소방청에 둔다.
② 중앙긴급구조통제단의 단장은 행정안전부장관이 된다.
③ 중앙통제단장은 긴급구조를 위하여 필요하면 긴급구조지원기관 간의 공조체제를 유지하기 위하여 관계 기관·단체의 장에게 소속 직원의 파견을 요청할 수 있다.
④ 중앙통제단의 구성·기능 및 운영에 필요한 사항은 대통령령으로 정한다.

18. 「재난 및 안전관리 기본법」상 국가의 재난 및 안전관리업무에 관한 기본계획의 수립지침을 작성하여 통보하는 사람은?

① 대통령
② 국무총리
③ 행정안전부장관
④ 중앙재난안전대책본부장

19. 「소방기본법」에서 소방활동 종사명령을 할 수 있는 사람에 해당하지 않는 사람은?

① 소방본부장
② 소방대장
③ 소방서장
④ 소방청장

20. 「위험물안전관리법」상 다음 중 위험물의 정의로 올바른 것은?

① 대통령령이 정하는 인화성 또는 폭발성 물질
② 대통령령이 정하는 인화성 또는 발화성 물질
③ 대통령령이 정하는 가연성 또는 이산화성 물질
④ 대통령령이 정하는 발화성 또는 금속성 물질

제2회 기출동형 모의고사

✏️ 국어

▌1~2▌ 다음 글을 읽고 물음에 답하시오.

〈앞부분 줄거리〉 수성궁 터에서 놀다가 술에 취해 잠이 든 유영은 꿈속에서 운영과 김 진사를 만나 그들의 비극적 사랑 이야기를 듣게 된다. 수성궁에서 안평 대군과 궁녀들이 시를 짓고 있을 때 김 진사가 찾아오고, 운영은 김 진사의 재모(才貌)에 마음이 끌려 그를 사랑하게 된다. 김 진사 역시 운영을 마음에 품게 되지만, 궁 밖의 사람을 사랑할 수 없는 궁녀의 신분인 운영은 김 진사와 시를 통해 서로의 마음을 전했다.

그날 밤 진사가 들어왔는데, 저는 병으로 일어날 수가 없어서 자란에게 진사를 맞아들이게 했습니다. 술이 석 잔 정도 돌아간 후에 제가 봉한 편지를 드리면서 말했습니다.

"이후부터는 다시 뵐 수 없으니, 삼생(三生)의 인연과 백 년의 약속이 오늘 저녁에 모두 끝났습니다. 만약 하늘이 정해준 인연이 아직 끊어지지 않았다면 마땅히 저승에서나 서로 만나 볼 수 있을 것입니다."

진사는 편지를 품속에 넣고 우두커니 서서 묵묵히 바라보다가 가슴을 두드리고 눈물을 흘리면서 나갔습니다. 자란은 저희들이 불쌍하여 차마 보지 못하고 기둥에 몸을 숨긴 채

눈물을 흩뿌리며 서 있었습니다. 진사가 집으로 돌아가 편지를 뜯어보니, 그 글에 일렀습니다.

"박명한 첩 운영은 낭군께 재배하고 사룁니다. 저는 변변치 못한 자질로서 불행히도 낭군의 사랑을 받게 되었습니다. 그 이후 우리는 얼마나 서로를 그리워하고 갈망했습니까? 다행스럽게도 하룻밤의 즐거움을 이룰 수는 있었으나, 바다처럼 깊은 우리의 사랑은 미진하기만 합니다. 인간 세상의 좋은 일을 조물(造物)이 시기한 탓으로 궁인들이 알고 주군이 의심하게 되어 마침내 재앙이 눈앞에 닥쳤으니, 죽은 뒤에나 이 재앙이 그칠 것입니다. 엎드려 바라건대, 낭군께서는 이별한 후에 비천한 저를 가슴속에 새겨 근심하지 마시고, 더욱 학업에 힘써 ㉠과거에 급제한 뒤 높은 벼슬길에 올라 후세에 이름을 드날리고 부모님을 현달케 하십시오. 제 의복과 재물은 다 팔아 부처께 공양하시고, 갖가지로 기도하고 지성으로 소원을 빌어 삼생의 연분을 후세에 다시 잇도록 해 주십시오. 그렇게만 해 주신다면 더없이 좋겠나이다! 좋겠나이다!"

진사는 편지를 다 읽지도 못하고 기절하여 땅에 쓰러졌는데, 집안사람들이 급히 구하여 겨우 깨어났습니다. 이때 특이 밖에서 들어와 말했습니다.

"궁인이 뭐라고 대답했기에 이렇듯이 죽으려 하십니까?"

진사는 다른 말은 하지 않고, 오로지 일렀습니다.

"너는 재물을 잘 지키고 있겠지? 내가 장차 그것을 다 팔아

서 부처께 지성으로 발원하여 오래된 약속을 실천하리라."

특은 집으로 돌아가 혼잣말로 일렀습니다.

"궁녀가 나오지 못했으니, 그 재물은 하늘이 나에게 준 것이로다."

1. 윗글에 대한 설명으로 적절하지 않은 것은?

① 자신의 이야기를 회상하는 서술 방식이 나타나고 있다.

② 쉽게 이어지지 못하는 상황으로 인해 남녀의 사랑이 더욱 애절하게 표현되고 있다.

③ 주인공의 비범한 능력으로 위기를 극복하는 영웅 소설적인 요소를 보이고 있다.

④ 꿈속의 이야기가 펼쳐지는 액자식 구성을 취하고 있다.

2. ㉠의 상황을 표현한 한자성어로 적절한 것은?

① 입신양명

② 사필귀정

③ 흥진비래

④ 백년해로

3. 밑줄 친 부분에 들어갈 단어로 가장 적절하지 않은 것은?

사람 좋은 얼굴을 하고 우리를 도와주는 척, 위하는 척 말은 번지르르 했지만 결국 백성들의 피만 _____ 해충보다 못한 놈들이다.

① 켱기는

② 부르는

③ 말리는

④ 빠는

❙ 4～5 ❙ 다음을 읽고 물음에 답하시오.

(가)
창 밖에 밤비가 속살거려
㉠육첩방(六疊房)은 남의 나라,

시인이란 슬픈 천명인 줄 알면서도
한 줄 시를 적어볼까.

땀내와 사랑내 포근히 품긴
보내주신 학비봉투를 받아

대학 노트를 끼고
늙은 교수의 강의 들으러 간다.

생각해보면 어린 때 동무를
하나, 둘, 죄다 잃어버리고

나는 무얼 바라
나는 다만, 홀로 침전하는 것일까?

인생은 살기 어렵다는데
시가 이렇게 쉽게 씌어지는 것은
부끄러운 일이다.

육첩방은 남의 나라
창 밖에 밤비가 속살거리는데

등불을 밝혀 ㉡어둠을 조금 내몰고
시대처럼 올 아침을 기다리는 최후의 나,

나는 나에게 작은 손을 내밀어
눈물과 위안으로 잡는 최초의 악수.
　　　　　　　　　　　　－ 윤동주, 「쉽게 쓰여진 시」 －

(나)
매운 계절의 채찍(季節)에 갈겨
마침내 ㉢북방(北方)으로 휩쓸려 오다

하늘도 그만 지쳐 끝난 고원(高原)
서릿발 칼날진 그 위에 서다

어데다 무릎을 꿇어야 하나
한 발 재겨 디딜 곳조차 없다

이러매 눈 감아 생각해 볼밖에
겨울은 ㉣강철로 된 무지갠가 보다
　　　　　　　　　　　　－ 이육사, 「절정」 －

---

4. (가) 시에 드러난 시적 화자의 태도로 가장 알맞은 것은?

① 만날 수 없는 연인을 그리워하고 있다.
② 현실을 벗어나 이상세계로 가기를 바라고 있다.
③ 자아성찰을 통해 암울한 현실을 극복하려 하고 있다.
④ 현실의 삶을 예찬하며 안주하려 하고 있다.

5. 위 글에서 ㉠～㉣의 의미를 설명한 것으로 적절하지 않은 것은?

① ㉠ : 억눌리고 암담한 공간
② ㉡ : 어두운 시대 현실 인식
③ ㉢ : 화자가 가고 싶어하는 이상의 공간
④ ㉣ : 혹독한 현실에서 이를 극복하려는 의지

6. 〈보기〉를 참고할 때 밑줄 친 부분의 표준 발음으로 옳지 않은 것은?

> 〈보기〉
> 제23항　받침 'ㄱ(ㄲ, ㅋ, ㄳ, ㄺ), ㄷ(ㅅ, ㅆ, ㅈ, ㅊ, ㅌ), ㅂ(ㅍ, ㄼ, ㄿ, ㅄ)' 뒤에 연결되는 'ㄱ, ㄷ, ㅂ, ㅅ, ㅈ'은 된소리로 발음한다.
> 제24항　어간 받침 'ㄴ(ㄵ), ㅁ(ㄻ)' 뒤에 결합되는 어미의 첫소리 'ㄱ, ㄷ, ㅅ, ㅈ'은 된소리로 발음한다.
> 다만, 피동, 사동의 접미사 '-기-'는 된소리로 발음하지 않는다.
> 제25항　어간 받침 'ㄼ, ㄾ' 뒤에 결합되는 어미의 첫소리 'ㄱ, ㄷ, ㅅ, ㅈ'은 된소리로 발음한다.
> 제26항　한자어에서, 'ㄹ' 받침 뒤에 연결되는 'ㄷ, ㅅ, ㅈ'은 된소리로 발음한다.
> 다만, 같은 한자가 겹쳐진 단어의 경우에는 된소리로 발음하지 않는다.

① 아가씨의 옷고름[온꼬름]에 놓인 자수가 아름다워 한참을 바라보았다.
② 두 사람은 넓게[널께] 뻗은 다리 위를 같이 걸었다.
③ 머리 한번 감기기[감끼기]가 여간 힘이 드는 것이 아니었다.
④ 일부 몰상식[몰쌍식]한 사람들 때문에 많은 사람들이 피해를 보았다.

7. 다음 밑줄 친 단어의 의미가 〈보기〉와 유사한 것은?

〈보기〉
차형사는 안경 경첩에 있던 DNA를 증거로 들었다.

① 창으로 드는 햇살이 따스해 고양이는 기지개를 켰다.
② 예서의 말을 들어보지도 않고 방으로 들어갔다.
③ 선수는 야구공을 번쩍 들어 카메라 앞에 보였다.
④ 준기는 어떤 예를 들어도 이해하지 못했다.

┃8 ～ 9┃ 다음 글을 읽고 물음에 답하시오.

새끼 오리도 헌신짝도 소똥도 갓신창도 개니빠디도 너울쪽
도 짚검불도 가랑잎도 헝겊조각도 막대꼬치도 기왓장도 닭의
짖도 개터럭도 타는 모닥불

재당도 초시도 문장(門帳) 늙은이도 더부살이도 아이도 새
사위도 갓 사돈도 나그네도 주인도 할아버지도 손자도 붓장사
도 땜쟁이도 큰 개도 강아지도 모두 모닥불을 쪼인다

모닥불은 어려서 우리 할아버지가 어미 아비 없는 서러운
아이로 불쌍하니도 몽둥발이가 된 슬픈 역사가 있다

– 백석, 모닥불 –

8. 1연에 나열된 사물들의 공통된 특징으로 옳은 것은?

① 저마다 쓰임이 있어 어디에나 존재하는 것들
② 누구나 가지고 싶어 하여 귀하게 여기는 것들
③ 아주 특별한 경우가 아니면 쓸모없는 보잘것없는 것들
④ 누군가의 사연이 깃들어 있는 것들

9. 이 글의 특징으로 옳지 않은 것은?

① 열거된 사물이나 사람의 배열이 주제의식을 높이는 데 기
여한다.
② 평안도 방언의 사용으로 사실감과 향토적 정감을 일으킨다.
③ 모닥불 앞에 나설 수 있는 사람과 그렇지 않은 사람이 대
조된다.
④ 지금 현재의 상황과 과거의 회상을 통하여 시상을 전개한다.

┃10 ～ 12┃ 다음 글을 읽고 물음에 답하시오.

먼저 냉장고를 사용하면 전기를 낭비하게 된다. 언제 먹을
지 모를 음식을 보관하는 데 필요 이상으로 전기를 ㉠쓰게 되
는 것이다. 전기를 낭비한다는 것은 전기를 만드는 데 쓰이는
귀중한 자원을 낭비하는 것과 같다.

우리는 냉장고를 쓰면서 ㉡인정을 잃어 간다. 냉장고가 없
던 시절에는 식구가 먹고 남을 정도의 음식을 만들거나 얻게
되면 미련 없이 이웃과 나누어 먹었다. 여러 가지 이유가 있
겠지만 그 이유 가운데 하나는 남겨 두면 음식이 ㉢상한다는
것이었다. 그런데 냉장고를 사용하게 되면서 그 이유가 사라
지게 되고, 이에 따라 이웃과 음식을 나누어 먹는 일이 줄어
들게 되었다.

또한 냉장고는 당장 소비할 필요가 없는 것들을 사게 한다.
그리하여 애꿎은 생명을 필요 이상으로 죽게 만들어서 생태계
의 균형을 무너뜨린다. 짐승이나 물고기 등을 마구 잡고, 당장
죽지 않아도 될 수많은 가축을 죽여 냉장고 안에 보관하게
한다. 대부분의 가정집 냉장고에는 양의 차이는 있지만 닭고
기, 쇠고기, 돼지고기, 생선, 멸치, 포 등이 쌓여 있다.
( ) 냉장고가 커질수록 먹지 않
는 음식도 ㉣늘어나기 때문이다. 아까운 전기를 써서 냉동실
에 오랫동안 보관한 음식들은 쓰레기통으로 들어가기 일쑤다.
이런 현상은 잘사는 나라뿐 아니라 남태평양이나 아프리카의
가난한 나라에서도 일어나고 있다.

– 박정훈, 냉장고의 이중성 –

10. 윗글을 읽는 방법으로 옳지 않은 것은?

① 글쓴이 주장에 대한 근거가 적절한지 파악하며 읽는다.
② 글의 통일성이 어긋나지 않았는지 살피며 읽는다.
③ 글쓴이의 일생에 대해 공감하며 읽는다.
④ 글쓴이의 주장에 대해 스스로의 생각을 정리하며 읽는다.

11. 윗글의 빈칸에 들어갈 말로 적절한 것은?

① 우리는 점점 더 큰 용량의 냉장고가 필요하게 될 것이다.
② 냉장고를 사용하면서 많은 음식을 버리게 되었다.
③ 신선 식품의 소비가 늘어났다.
④ 우리는 식중독의 위험에서 벗어날 수 있었다.

12. 윗글의 밑줄 친 ㉠~㉣의 표현과 다른 의미로 쓰인 것은?

① 비싼 화장품을 <u>쓴다고</u> 피부가 좋아지는 것은 아니다.

② 금자가 살던 고향은 <u>인정</u> 넘치는 마을로 유명했다.

③ 철수가 장난으로 한 말이었지만 윤아는 마음이 <u>상했다</u>.

④ 재산이 <u>늘어나니</u> 주위에 사람도 많아졌다.

13. 다음 〈보기〉의 단어들을 예시로 들 수 있는 한글 맞춤법의 사이시옷 규정은?

> 〈보기〉
>
> 깻묵, 아랫마을, 텃마당, 멧나물

① 순우리말로 된 합성어로서 앞말이 모음으로 끝나고 뒷말의 첫소리가 된소리로 나는 것.

② 순우리말로 된 합성어로서 앞말이 모음으로 끝나고 뒷말의 첫소리 'ㄴ, ㅁ' 앞에서 'ㄴ' 소리가 덧나는 것

③ 순우리말과 한자어로 된 합성어로서 앞말이 모음으로 끝나고 뒷말의 첫소리 'ㄴ, ㅁ' 앞에서 'ㄴ' 소리가 덧나는 것

④ 순우리말과 한자어로 된 합성어로서 앞말이 모음으로 끝나고 뒷말의 첫소리 모음 앞에서 'ㄴㄴ' 소리가 덧나는 것

14. 외래어 표기가 바르게 된 것으로만 묶인 것은?

① 부르주아, 비스킷, 심포지움

② 스폰지, 콘셉트, 소파

③ 앙코르, 팜플릿, 플랜카드

④ 샹들리에, 주스, 블라우스

▌15 ~ 16▐ 다음 글을 읽고 물음에 답하시오.

가장 흔히 볼 수 있는 거미줄의 형태는 중심으로부터 방사형으로 뻗어 나가는 둥근 그물로, 짜임이 어찌나 완벽한지 곤충의 입장에서는 마치 빽빽하게 쳐 놓은 튼튼한 고기잡이 그물과 다름없다. 이 둥근 그물을 짜기 위해 거미는 먼저 두 물체 사이를 팽팽하게 이어주는 '다리실'을 만든다. 그다음 몇 가닥의 실을 뽑아내 별 모양으로 주변 사물들과 중심부를 연결한다. 두 번째 작업으로, 거미는 맨 위에 설치한 다리실에서부터 실을 뽑아내 거미줄의 가장자리 틀을 완성한다. 그런 후 중심과 가장자리 사이를 왔다갔다하며 세로줄을 친다. 세 번째 작업은 임시 가로줄을 치는 것이다. 이 가로줄은 거미가

돌아다닐 때 발판으로 쓰기 위한 것이기 때문에 점성이 없어 달라붙지 않고 튼튼하다. 나중에 거미줄을 완성하고 쓸모가 없어지면 다니면서 먹어 치웠다가 필요할 때 다시 뽑아내 재활용한다. 마지막으로 영구적이고 끈끈한 가로줄을 친다. 중심을 향해 가로줄을 친 후 다시 바깥쪽으로 꼼꼼히 치기도 하면서 끈끈하고 탄력 있는 사냥용 거미줄을 짠다. 거미는 돌아다닐 때 이 가로줄을 밟지 않으려고 각별히 조심한다고 한다. 거미의 발끝에 기름칠이 되어 있어 이 실에 달라붙지 않는다는 설도 있다. 이렇게 거미줄을 완성하면 거미는 가만히 앉아 먹잇감을 기다리기만 하면 된다. 거미줄을 완성하는 데 걸리는 시간은 한 시간 반이 안 되며 사용되는 실의 길이는 최대 30미터다. 거미줄은 거미와 곤충 사이에 벌어지는 끊임없는 생존 경쟁이 낳은 진화의 산물이다. 일례로 그물을 이루는 견사(실)는 눈에 거의 띄지 않게끔 진화했다. 그래서 1초에 자기 몸길이의 57배만큼 날아가는 초파리의 경우, 몸길이의 세 배 거리까지 접근하기 전에는 눈앞의 재앙을 감지하지 못한다.

– 리처드 코니프, 거미줄, 죽음을 부르는 실 –

15. 윗글을 읽고 알 수 있는 내용으로 옳지 않은 것은?

① 거미줄은 방사형 형태가 가장 일반적이다.

② 거미는 자신의 다리에서 실을 뽑아낸다.

③ 거미는 돌아다닐 때 발판으로 사용할 수 있는 줄을 만들어 낸다.

④ 거미줄이 완성되면 거미는 가만히 먹잇감을 기다린다.

16. 윗글의 서술상 특징으로 옳은 것은?

① 어떤 대상이나 생각들을 비슷한 특성에 근거하여 상위 개념으로 묶으며 진술하는 방식

② 동일한 목표나 결과를 가져오게 한 일련의 행동, 변화, 단계 등을 중점으로 진술하는 방식

③ 어떤 대상 또는 생각의 범위를 규정짓거나 본질을 진술하는 방식

④ 어떤 공통된 근거에 따라 미지의 사실을 추론하는 진술 방식

17. 다음 글의 시점에 대한 설명으로 옳은 것은?

박씨가 계화를 시켜 용골대에게 소리쳤다.

"무지한 오랑캐 놈들아! 내 말을 들어라. 조선의 운수가 사나워 은혜도 모르는 너희에게 패배를 당했지만, 왕비는 데려가지 못할 것이다. 만일 그런 뜻을 둔다면 내 너희들을 몰살시킬 것이니 당장 왕비를 모셔 오너라."

하지만 골대는 오히려 코웃음을 날렸다.

"참으로 가소롭구나. 우리는 이미 조선 왕의 항서를 받았다. 데려가고 안 데려가고는 우리 뜻에 달린 일이니, 그런 말은 입 밖에 내지도 마라."

오히려 욕설만 무수히 퍼붓고 듣지 않자 계화가 다시 소리쳤다.

"너희의 뜻이 진실로 그러하다면 이제 내 재주를 한 번 더 보여 주겠다."

계화가 주문을 외자 문득 공중에서 두 줄기 무지개가 일어나며 모진 비가 천지를 뒤덮을 듯 쏟아졌다. 뒤이어 얼음이 얼고 그 위로는 흰 눈이 날리니, 오랑캐 군사들의 말발굽이 땅에 붙어 한 걸음도 옮기지 못하게 되었다. 그제야 골대는 사태가 예사롭지 않음을 깨달았다.

"당초 우리 왕비께서 분부하시기를 장안에 신인(神人)이 있을 것이니 이시백의 후원을 범치 말라 하셨는데, 과연 그것이 틀린 말이 아니었구나. 지금이라도 부인에게 빌어 무사히 돌아가는 편이 낫겠다."

골대가 갑옷을 벗고 창칼을 버린 뒤 무릎을 꿇고 애걸하였다.

"소장이 천하를 두루 다니다 조선까지 나왔지만, 지금까지 무릎을 꿇은 적은 한 번도 없었습니다. 이제 부인 앞에 무릎을 꿇어 비나이다. 부인의 명대로 왕비는 모셔가지 않을 것이니, 부디 길을 열어 무사히 돌아가게 해주십시오."

– 작자 미상, 「박씨전」–

① 서술자가 등장인물 중의 한 사람으로 사건을 관찰하고 있다.
② 주인공이 자신의 이야기를 하고 있다.
③ 작품에 등장하지 않는 서술자가 마치 신처럼 모든 사건들을 서술하고 있다.
④ 서술자가 외부 관찰자의 위치에서 객관적인 태도로 외부적인 사실만을 관찰하고 있다.

|18 ~ 20| 다음 글을 읽고 물음에 답하시오.

인지부조화는 한 개인이 가지는 둘 이상의 사고, 태도, 신념, 의견 등이 서로 일치하지 않거나 상반될 때 생겨나는 심리적인 긴장상태를 의미한다. 인지부조화는 불편함을 유발하기 때문에 사람들은 이것을 감소시키려고 한다. 인지부조화를 감소시키는 방법은 서로 모순관계에 있어서 양립할 수 없는 인지들 가운데 하나 이상의 인지가 갖는 내용을 바꾸어 양립할 수 있게 만들거나, 서로 모순되는 인지들 간의 차이를 좁힐 수 있는 새로운 인지를 추가하여 부조화된 인지상태를 조화된 상태로 전환하는 것이다.

(ⓐ) 실제로 부조화를 감소시키는 행동은 비합리적인 면이 있다. 그 이유는 그러한 행동들이 사람들로 하여금 중요한 사실을 배우지 못하게 하고 자신들의 문제에 대해서 실제적인 해결책을 찾지 못하도록 할 수 있기 때문이다. 부조화를 감소시키려는 행동은 자기방어적인 행동이고, 부조화를 감소시킴으로써 우리는 자신의 긍정적인 이미지, 즉 자신이 선하고 현명하며 상당히 가치 있는 인물이라는 긍정적인 측면의 이미지를 유지하게 된다. 비록 자기방어적인 행동이 유용한 것으로 생각될 수 있지만, 이러한 행동은 부정적 결과를 초래할 수 있다.

한 실험에서 연구자는 인종차별 문제에 대해서 확고한 입장을 보이는 사람들을 선정하였다. 일부는 차별에 찬성하였고, 다른 일부는 차별에 반대하였다. 선정된 사람들에게 인종차별에 대한 찬성과 반대 의견이 실린 글을 모두 읽게 하였는데, 어떤 글은 지극히 논리적이고 그럴듯하였고, 다른 글은 터무니없고 억지스러운 것이었다. 실험에서는 참여자들이 과연 어느 글을 기억할 것인지에 관심이 있었다. 인지부조화 이론에 따르면, 사람들은 현명한 사람을 자기 편, 우매한 사람을 다른 편이라 생각할 때 마음이 편안해질 것이다. 그렇다면 이 실험에서 인지부조화 이론은 다음과 같은 결과를 예측할 것이다.

18. 윗글의 내용과 일치하지 않는 것은?

① 인지부조화는 한 개인에게서 나타나는 심리적인 긴장상태이다.
② 인지부조화를 유지하는 것보다 해소하는 것이 합리적이다.
③ 사람들은 인지부조화 상태를 유지하는 것을 불편해 한다.
④ 우리는 자기방어의 일종으로 인지부조화를 해소하려 한다.

19. 윗글의 밑줄 친 '결과'의 내용으로 적절한 것은?

① 참여자들은 자신이 동의하는 글만을 기억하고 반대편의 글은 기억하지 못한다.

② 참여자들은 자신이 동의하는 논리적인 글과 반대편의 의견에 동의하는 논리적인 글만을 기억한다.

③ 참여자들은 자신이 동의하지 않는 의견의 터무니없고 억지스러운 글만 기억한다.

④ 참여자들은 자신의 의견에 동의하는 논리적인 글과 반대편의 의견에 동의하는 터무니없고 억지스러운 글을 기억한다.

20. ⓐ에 들어갈 접속사로 가장 적절한 것은?

① 그런데

② 예를 들면

③ 그러므로

④ 그렇지 않는다면

✐ 국사

1. 다음 두 무덤 양식이 나타났던 시기의 상황으로 옳은 것은?

널무덤 　 독무덤

① 밭농사가 발달하고, 벼농사가 시작되었다.

② 철제 무기가 사용되기 시작하면서 청동기는 의기용으로 사용되었다.

③ 대규모 집터를 짓고, 방어 시설을 만들었다.

④ 주로 강가나 바닷가에서 움집을 짓고 살았다.

2. 다음 자료에 해당하는 나라에 대한 설명으로 옳지 않은 것은?

> 장사를 지낼 때에 큰 나무 곽을 만드는데, 길이가 10여 장이나 되며 한쪽 머리를 열어 놓아 문을 만든다. 사람이 죽으면 모두 가매장을 해서, …… 뼈만 추려 곽 속에 안치한다. 온 집 식구를 모두 하나의 곽 속에 넣어두는데, 죽은 사람의 숫자대로 살아 있을 때와 같은 모습으로 나무로 모양을 새긴다.
> － 「삼국지 동이전」 중 －

① 중앙집권국가로 발전하였다.

② 민며느리제의 결혼 풍습이 있었다.

③ 지금의 함경남도 해안지대에 위치해 있었다.

④ 소금, 어물 등의 해산물이 풍부하였다.

3. 신라의 골품 제도에 대한 설명으로 옳지 않은 것은?

① 골품에 따라 일상생활까지 제한하였다.

② 골품은 지배층 내부의 서열을 의미한다.

③ 진흥왕 때 율령을 반포하여 골품제를 정비하였다.

④ 6두품은 신라 하대에 골품제를 비판하였다.

4. 다음 (가)에 들어갈 인물로 옳은 것은?

> ___(가)___ 는 '하나 가운데 일체의 만물이 다 들어있고 만물 속에는 하나가 자리 잡고 있으니, 하나가 곧 일체의 만물이고 만물은 하나에 귀속되어 있는 것이다. 한 작은 티끌 속에서 시방(十方)이 있는 것이요, 한 찰나가 곧 영원이다.'라고 하여 우주 만물을 아우르려는 사상을 지녔다. 또, 문무왕의 정치적 자문을 담당하기도 하였다.

① 원효   ② 의상
③ 지눌   ④ 혜초

5. 다음에 나타난 시기의 국왕에 대한 설명으로 옳은 것은?

> 감은사 앞바다에 떠다니는 섬에서 대나무를 잘라다가 만파식적이라는 피리를 만들었는데 이 피리를 불면 오던 비가 가라앉고 구름이 걷혔다고 한다. 이는 신라의 국태안민을 바라고 왕권의 안정을 도모하려는 염원에서 나온 이야기이다.

① 나당전쟁을 치렀다.
② 고구려의 부흥 운동을 지원하였다.
③ 군사기구로 9서당과 10정을 설치하였다.
④ 녹읍을 부활시켰다.

6. 다음은 고려의 지배층이 변하는 과정을 나타낸 것이다. (가)와 관련된 내용으로 옳은 것은?

① 무신정권으로 인해 대부분이 몰락하였다.
② 개국 공신과 지방의 대호족 등으로 구성되었다.
③ 성리학 사상을 기반으로 하였다.
④ 원의 황실 혹은 귀족과 혼인함으로써 권력을 장악하였다.

7. 다음 고려의 대외관계에 대한 설명 중 옳지 않은 것은?

① 송과 문화적·경제적으로 밀접한 유대관계를 맺었다.
② 거란의 침입에 대비하여 광군을 조직하기도 하였다.
③ 여진의 침략을 방어하고 강동 6주를 획득하였다.
④ 윤관의 여진 토벌 후 동북 9성을 축조하였다.

8. 다음 글을 쓴 승려는 누구인가?

> 한마음(一心)을 깨닫지 못하고 한없는 번뇌를 일으키는 것이 중생인데 부처는 이 한마음을 깨달았다. '깨닫고 아니 깨달음'은 오직 한마음에 달려 있으니 이 마음을 떠나 따로 부처를 찾을 것이 없다. (중략) 하루는 같이 공부하는 사람 10여 인과 약속하였다. 명예와 이익을 버리고 산림에 은둔하여 결사를 결성하자. 항상 선을 익히고 지혜를 골고루 하는 데 힘쓰자.

① 원효   ② 지눌
③ 혜초   ④ 의상

9. 다음은 고려 중앙 정치기구에 대한 설명이다. 보기의 설명 중 옳지 않은 것은?

> • 도병마사에서 회의를 통해 왕의 국정에 반대할 수 있었다.
> • 식목도감에서 법의 제정이나 각종 시행 규정을 논의하였다.

① 고려만의 독자적인 제도였다.
② 재신과 추밀을 중심으로 하였다.
③ 왕권을 강화하는 정치적 기반이었다.
④ 2품 이상의 귀족이 참여할 수 있었다.

10. 다음 어느 시대 농민들의 가상 대화를 통해 알 수 있는 사회 모습으로 옳은 것은?

> 농민1 : 망이·망소이가 가혹한 수탈에 못 이겨 봉기를 하였다는군.
> 농민2 : 그러게 말이네. 주변 지역 향, 소, 부곡에서도 봉기를 계획하고 있는데, 세금부담 줄이고 일반 백성과 같은 대우를 요구할 거라고 하네.

① 최승로의 시무28조가 받아들여졌다.
② 묘청이 금나라를 정벌할 것을 주장하였다.
③ 무신들은 문신들이 지내던 고관요직을 모두 차지하였다.
④ 외교적으로 친원적인 성향을 가진 세력이 집권하였다.

11. 다음에 해당하는 인물에 대한 설명으로 옳은 것은?

> • 유교적 이상 정치를 구현하려는 노력
>   – 소격서 폐지
>   – 전국적인 향약 시행 추진
>   – 현량과 실시

① 무오사화로 인해 사사되었다.
② 훈구파 견제를 위해 위훈삭제를 추진하였다.
③ 계유정난을 통해 공신의 작위를 받았다.
④ 「경세유표」를 집필하였다.

12. 다음 정치 세력에 대한 설명으로 옳은 것은?

> • 임진왜란 당시 의병을 일으키고 향촌사회의 기반을 유지하여 전란이 끝난 뒤 정국을 주도할 수 있었다.
> • 인목대비를 서인(庶人)으로 낮추고 왕의 적통인 영창대군 살해에 관여하였다.

① 예송논쟁을 통해 서인과 대립하였다.
② 명과 후금 사이에서 중립외교를 주장하였다.
③ 숙종 때 환국을 통해 중앙정계를 장악하였다.
④ 영조의 탕평 정치 실시에도 정국을 주도하게 된다.

13. 다음 자료와 관련된 단체명으로 옳은 것은?

> 105인 사건은 일제가 안중근의 사촌 동생 안명근이 황해도 일원에서 독립 자금을 모금하다가 적발되자 이를 빌미로 일제가 총독 암살 미수 사건을 조작하여 수백 명의 민족 지도자를 검거한 사건이다.

① 신민회
② 대한자강회
③ 독립협회
④ 신간회

14. 다음 자료를 통해 당시의 사회상을 바르게 추론한 것을 고르면?

> 허생은 안성의 한 주막에 자리 잡고서 밤, 대추, 감, 배, 귤 등의 과일을 모두 사들였다. 허생이 과일을 도거리로 사두자, 온 나라가 잔치나 제사를 치르지 못할 지경에 이르렀다. 과일값을 크게 폭등하였고, 허생은 이에 10배의 값으로 과일을 되팔았다.

① 관영수공업이 발달하였다.
② 정부는 한양에 시전을 설치하였다.
③ 대동법이 처음 시행되고, 공인이 등장하였다.
④ 선대제 수공업이 성행하였다.

15. 다음과 같은 내용을 가지는 협약은?

> • 한국정부는 일본정부가 추천하는 일본인 1명을 재정고문으로 하여 한국정부에 용빙하고, 재무에 관한 사항은 일체 그 의견을 물어 시행할 것
> • 한국정부는 일본정부가 추천하는 외국인 1명을 외교고문으로 하여 외부에 용빙하고 외교에 관한 요무는 일체 그 의견을 물어 시행할 것
> • 한국정부는 외국과의 조약 체결, 기타 중요한 외교 안건, 즉 외국인에 대한 특권 양여와 계약 동의처리에 관하여는 미리 일본 정부와 협의할 것

① 을사조약   ② 제1차 한일협약
③ 강화도 조약   ④ 한일신협약

16. 다음 운동이 전개되던 시기에 일제가 실시한 정책으로 옳은 것은?

> • 의복은 우선 남자는 두루마기, 여자는 치마를 음력 계해년 정월 1일로부터 조선인 상품 또는 가공품을 염색하여 착용할 것
> • 음식물에 대하여는 식염, 사탕, 과자, 청량음료 등을 제외하고는 모두 조선인 물산을 사용할 것
> • 일용품은 조선인 제품으로 대용하기 가능할 것은 이를 사용할 것

① 치안유지법을 제정하여 독립운동을 탄압하였다.
② 성과 이름을 일본식으로 바꾸도록 강요하였다.
③ 남면북양 정책을 실시하였다.
④ 국가 총동원법을 실시하였다.

17. 다음과 같은 과정 이후 실시된 개혁에 대한 설명으로 옳은 것은?

- 경운궁으로 환궁
- 제천단인 원구단에서 황제즉위식을 거행
- 대한제국 선포

① 양지아문을 설치하고 지계를 발급하였다.

② 입헌군주체제를 추진하였다.

③ 토지조사사업을 실시하였다.

④ 5군영을 2영으로 개편하고 시위대를 창설하였다.

18. 다음 제시문에서 공통적으로 해당하는 나라로 옳은 것은?

- 오페르트는 흥선 대원군의 아버지 남연군의 묘를 도굴하려 하였다.
- 부들러는 한반도의 영세중립화를 조선 정부에 건의하였다.
- 1960년대에 우리나라의 간호사와 광부가 파견되었다.

① 미국

② 영국

③ 독일

④ 프랑스

19. 다음 자료에서 (가)에 대한 설명으로 옳은 것은?

건국헌법에 친일파 처벌법 제정 근거가 마련됨에 따라 8월 5일 __(가)__ 위원회가 구성되었다. 이는 남조선과도입법의원에서 만든 특별조례법률을 토대로 일본의 공직자 추방령, 중국 장제스 정부의 전범처리법안 등을 참고해 8월 16일 국회에 초안을 상정했고, 9월 7일 찬성 103명, 반대 6명으로 국회를 통과했다.

① 신탁통치 문제를 해결하기 위해 조직되었다.

② 이승만 정부는 (가)의 친일파 처벌에 소극적이었다.

③ 제헌 국회에서는 (가)의 활동을 반대하였다.

④ 미 군정청에서 적극적으로 지원을 하였다.

20. 다음에서 (가) 시기에 있었던 사실로 옳은 것은?

전두환 정부	(가)	김영삼 정부	김대중 정부	노무현 정부

① 남·북이 동시에 유엔 가입을 하였다.

② 개성공단이 조성되었다.

③ OECD에 가입하였다.

④ 국제통화기금(IMF)에 구제 금융을 공식 요청하였다.

1. 다음 금융 관련 사건을 시간 순으로 바르게 나열한 것은?

┌─────────────────────────────────┐
│ ㉠ 한국 IMF 자금 지원   │
│ ㉡ 리먼 브라더스 파산   │
│ ㉢ 스페인 긴축 재정정책(유로 위기)   │
│ ㉣ 브렉시트   │
└─────────────────────────────────┘

① ㉠→㉢→㉡→㉣
② ㉠→㉣→㉢→㉡
③ ㉡→㉠→㉣→㉢
④ ㉡→㉣→㉠→㉢

2. 사회보장의 기능과 형평성에 대한 설명으로 옳지 않은 것은?

① 소득재분배의 형태는 수직적, 수평적, 세대 간 재분배의 세 가지로 구분할 수 있다.
② 공적연금제도는 수평적 재분배의 대표적 예라고 할 수 있다.
③ 수직적 재분배는 소득이 높은 계층으로부터 낮은 계층으로 재분배되는 것으로 분배의 형평성을 지향한다.
④ 사회보장제도는 소득의 재분배를 통한 국민의 생존권의 실현과 최저생활 확보를 전제로 한다.

3. 가격이 상승한 소비재의 수요가 오히려 증가하는 현상은?

① 전시효과   ② 립스틱 효과
③ 리카도 효과   ④ 베블렌 효과

4. 세계 최대 규모인 이탈리아 볼로냐국제아동도서전(Bologna Children's Book Fair)에서 한 해 동안 전 세계에서 출간된 어린이 도서 가운데 각 분야의 최고 아동서를 대상으로 주어지는 상으로 어린이 도서 분야의 노벨상 격이다. 2011년 한국 작가 김희경 씨의 그림책 「마음의 집」이 논픽션 부분 대상을 수상해, 한국 작가로는 첫 대상 수상자가 되었는데 이 상의 이름은?

① 카스테로상
② 국제안데르센상
③ 케이토 그리너웨이상
④ 라가치상

5. 사용자가 컴퓨터와 정보 교환 시 키보드를 통한 명령어 작업이 아닌 그래픽을 통해 마우스 등을 이용하여 작업할 수 있는 환경을 무엇이라고 하는가?

① bluetooth   ② P2P
③ GUI   ④ UCC

6. 다음 독립운동 단체들이 활동하던 시기에 나타난 일제의 식민통치 정책은?

┌───┐
│ • 독립의군부   • 조선국권회복단   │
│ • 대한광복회   • 송죽회   │
└───┘

① 한국인의 회유를 위해 형식적으로 중추원을 설치하였다.
② 총동원령을 내려 징병, 징용의 명목으로 한국인을 끌고 갔다.
③ 치안유지법을 제정하고 사회주의 활동을 억압하였다.
④ 회사령을 폐지하여 일본 기업의 한국 진출을 추진하였다.

7. 다음의 내용과 관련이 깊은 것은?

┌───┐
│ • 쐐기 모양의 설형문자를 사용하였다.   │
│ • 바빌로니아 왕국은 함무라비 법전을 편찬하였다.   │
│ • 점성술과 천문학이 발달하였다.   │
│ • 태음력을 제정하고 60진법에 의한 시간측정법을 창안하였다. │
└───┘

① 메소포타미아 문명
② 그리스 문명
③ 인더스 문명
④ 황하 문명

8. 임금 노동자들이 인간다운 삶과 실질적 생활을 유지할 수 있도록 최저임금 이상의 임금을 보장하는 제도를 무엇이라고 하는가?

① 성과급제
② 최고임금제
③ 문화임금제
④ 생활임금제

9. 다음 중 비타민에 대한 설명으로 옳은 것은?

① 비타민은 인체에서 합성되지 않기 때문에 음식으로 섭취해야 한다.

② 비타민 A와 비타민 E는 체내에서 합성된다.

③ 비타민 B는 체내에서 합성되지만 비타민C는 그렇지 않다.

④ 비타민 D와 비타민 K만이 체내에서 합성되는 비타민이다.

10. 질량이 10kg인 물체가 2m/s의 속력으로 직선 운동할 때, 이 물체의 운동량은?

① 5kg · m/s

② 8kg · m/s

③ 12kg · m/s

④ 20kg · m/s

11. 다음 중 물분무 소화방식에 대한 설명으로 옳지 않은 것은?

① 물은 분무 시 전도성이며 감전우려가 크다.

② 밀폐된 공간에서 소화효과가 있다.

③ 물분무 방수가 유류에는 희석효과가 있다.

④ 문화재 소화 시에는 수손피해가 크다.

12. 다음 중 PVC 제품이나 난연재료의 연소 시에 발생하며 호흡기와 눈에 자극을 주는 기체는?

① 이산화탄소

② 염화수소

③ 시안화수소

④ 황화수소

13. 다음 중 착화점에 대한 내용으로 옳지 않은 것은?

① 점화원 접촉 없이 연소할 수 있는 최저온도를 말한다.

② 황린의 발화점은 약 30℃이다.

③ 분자구조가 복잡하고, 발열량이 적을수록 착화점이 낮다.

④ 목재의 발화온도는 약 410℃이다.

14. 「위험물안전관리법 시행령」에서 정하고 있는 지정수량이 가장 적은 위험물은?

① 브롬산염류

② 유황

③ 알칼리토금속

④ 과염소산

15. 「소방기본법」에서 규정하는 소방용수시설에 대한 설명으로 틀린 것은?

① 시 · 도지사는 소방활동에 필요한 소화전 · 급수탑 · 저수조를 설치하고 유지 · 관리하여야 한다.

② 소방본부장 또는 소방서장은 원활한 소방활동을 위하여 소방용수시설에 대한 조사를 월 1회 이상 실시하여야 한다.

③ 소방용수시설 조사의 결과는 2년간 보관하여야 한다.

④ 수도법의 규정에 따라 설치된 소화전도 시 · 도지사가 유지 · 관리해야 한다.

16. 「화재예방, 소방시설 설치 · 유지 및 안전관리에 관한 법」에서 규정하는 소방용품 중 경보설비를 구성하는 제품 또는 기기에 해당하지 않는 것은?

① 비상조명등

② 누전경보기

③ 발신기

④ 감지기

17. 「재난 및 안전관리 기본법」상 긴급구조기관이 아닌 것은?

① 소방청

② 소방본부

③ 소방서

④ 경찰청

18. 「재난 및 안전관리 기본법」에서 재외공관의 장이 해외에서 재난이 발생했을 때 보고하여야 하는 사람은?

① 소방청장

② 중앙대책본부장

③ 외교부장관

④ 중안안전관리위원회 위원장

19. 「소방기본법」상 5년 이하의 징역 또는 5천만 원 이하의 벌금에 해당하는 위반사항이 아닌 것은?

① 정당한 사유 없이 소방용수시설을 사용하거나 소방용수시설의 효용을 해하거나 그 정당한 사용을 방해한 자

② 화재현장에서 사람을 구출하는 일 또는 불을 끄거나 불이 번지지 아니하도록 하는 일을 방해한 자

③ 불이 번질 우려가 있는 소방대상물 및 토지를 일시적으로 사용하거나 그 사용의 제한 또는 소방활동에 필요한 처분을 방해한 자

④ 화재진압을 위하여 출동하는 소방자동차의 출동을 방해한 자

20. 「화재예방, 소방시설 설치·유지 및 안전관리에 관한 법」에서 소방시설 중 화재를 진압하거나 인명구조활동을 위하여 사용하는 설비로 정의되는 것은?

① 소화활동설비

② 피난설비

③ 소화용수설비

④ 소화설비

✏️ 국어

|1~2| 다음은 '원자재 가격 상승에 따른 문제점과 대책'에 관한 글을 쓰기 위해 작성한 개요이다. 물음에 답하시오.

Ⅰ. 서론 : 원자재 가격 상승의 현황
　국제 시장에서 원자재 가격이 연일 최고가를 경신하는 상황을 언급함. …… ⓐ
Ⅱ. 본론
　1. 원자재 가격 상승에 따른 문제점
　　가. 경제적 측면 : 상품의 가격 상승으로 수출 둔화, 수출 상품의 경쟁력 상실, 외국 바이어 방문의 감소 …… ⓑ
　　나. 사회적 측면 : 내수 부진으로 소비 생활 위축, 경기 침체로 실업자 증가, 소득 감소로 가계 소비의 위축 …… ⓒ
　2. 원자재 가격 상승에 대한 대책
　　가. 경제적 측면 : 수출 경쟁력 확보를 위한 노력, 품질이 뛰어난 신상품 개발, 새로운 시장 개척으로 판로 확보
　　나. 사회적 측면 : 소비 활성화 정책 시행, 수입 원자재에 대한 과세 강화 …… ⓓ
Ⅲ. 결론 : (　　　　(가)　　　　)

1. 논지 전개상 적절하지 않은 것은?
① ⓐ
② ⓑ
③ ⓒ
④ ⓓ

2. (가)에 들어갈 말로 옳은 것은?
① 연구비 확대를 통한 새로운 원자재 연구
② 원자재 수입을 확대하여 원자재 시장 활성화
③ 수출 경쟁력을 확보하고 소비 활성화를 위한 정책을 시행
④ 원자재 가격을 상향 조정하여 외국 바이어 초청

|3~4| 다음 글을 읽고 물음에 답하시오.

가난하다고 해서 외로움을 모르겠는가
너와 헤어져 돌아오는
눈 쌓인 골목길에 새파랗게 달빛이 쏟아지는데.
가난하다고 해서 두려움이 없겠는가
두 점을 치는 소리
방범대원의 호각소리 메밀묵 사려 소리에
눈을 뜨면 멀리 육중한 기계 굴러가는 소리.
가난하다고 해서 그리움을 버렸겠는가
어머님 보고 싶소 수없이 뇌어보지만
집 뒤 감나무에 까치밥으로 하나 남았을
새빨간 감 바람소리도 그려보지만
가난하다고 해서 사랑을 모르겠는가
내 볼에 와 닿던 네 입술의 뜨거움
사랑한다고 사랑한다고 속삭이던 네 숨결
돌아서는 내 등뒤에 터지던 네 울음
가난하다고 해서 왜 모르겠는가
가난하기 때문에 이것들을
이 모든 것을 버려야 한다는 것을.
　　　　　　　　　　－ 신경림, 「가난한 사랑 노래」 －

3. 이 시에 대한 설명으로 옳지 않은 것은?
① 화자는 부정적 현실에 저항하고 있다.
② 도시의 비정함과 가난의 고통이 드러난다.
③ 설의법을 사용해 시적화자의 정서를 강조한다.
④ 유사한 문장 구조를 반복하여 시적 안정감을 부여하고 운율을 형성하고 있다.

4. 윗글의 화자에 대한 설명으로 옳지 않은 것은?
① 가난 때문에 소중한 것들을 버려야 하는 슬픔을 느끼고 있다.
② 눈 쌓인 골목길에서 외로움을 느끼고 있다.
③ 고향에 하나 남았을 까치밥을 안타까워하고 있다.
④ 가난 때문에 사랑하는 사람과 함께 하지 못하고 있다.

|5~6| 다음 글을 읽고 물음에 답하시오.

> 흔히들 과학적 이론이나 가설을 표현하는 엄밀한 물리학적 언어만을 과학의 언어라고 생각한다. ( ) 과학적 이론이나 가설을 검사하는 과정에는 이러한 물리학적 언어 외에 우리의 감각적 경험을 표현하는 일상적 언어도 사용될 수밖에 없다. 그런데 우리의 감각적 경험을 표현하는 일상적 언어에는 과학적 이론이나 가설을 표현하는 물리학적 언어와는 달리 매우 불명료하고 엄밀하게 정의될 수 없는 용어들이 포함되어 있다. 어떤 학자는 이러한 용어들을 '발룽엔'이라고 부른다.
>
> 이제 과학적 이론이나 가설을 검사하는 과정에 발룽엔이 개입된다고 해보자. 이 경우 우리는 증거와 가설 사이의 논리적 관계가 무엇인지 결정할 수 없게 될 것이다. 즉, 증거가 가설을 논리적으로 뒷받침하고 있는지 아니면 논리적으로 반박하고 있는지에 관해 미결정적일 수밖에 없다는 것이다. 그 이유는 증거를 표현할 때 포함될 수밖에 없는 발룽엔을 어떻게 해석할 것인지에 따라 증거와 가설 사이의 논리적 관계에 대한 다양한 해석이 나오게 될 것이기 때문이다. 발룽엔의 의미는 본질적으로 불명료할 수밖에 없다. 즉, 발룽엔을 아무리 상세하게 정의하더라도 그것의 의미를 정확하고 엄밀하게 규정할 수는 없다는 것이다.
>
> 논리실증주의자들이나 포퍼는 증거와 가설 사이의 관계를 논리적으로 정확하게 판단할 수 있고 이를 통해 가설을 정확히 검사할 수 있다고 생각했다. ( ) 증거와 가설이 상충하면 가설이 퇴출된다는 식의 생각은 너무 단순한 것이다. 증거와 가설의 논리적 관계에 대한 판단을 위해서는 증거가 의미하는 것이 무엇인지 파악하는 것이 선행되어야 하기 때문이다. 따라서 우리가 발룽엔의 존재를 염두에 둔다면, '과학적 가설과 증거의 논리적 관계를 정확하게 판단할 수 있다는 생각은 잘못된 것이다.'라고 결론지을 수 있다.

5. 이 글에 대한 이해로 옳은 것은?

① 논리적으로 완벽한 과학적 가설을 세우는 것은 불가능하다.

② 모든 과학적 가설에서는 다중적 해설이 가능한 단어는 사용해선 안 된다.

③ 발룽엔을 보다 명확하게 정의하는 언어적 연구가 필요하다.

④ 증거와 가설 사이의 관계를 판단할 수 있는 가설을 세워야만 한다.

6. 윗글의 빈칸에 공통적으로 들어갈 수 있는 접속사로 옳은 것은?

① 그러나

② 그러므로

③ 그래서

④ 동시에

7. 〈보기〉에서 ㉠, ㉡의 예시로 옳은 것으로만 된 것은?

> 어근과 어근의 형식적 결합 방식에 따라 합성어를 나누어 볼 수 있다. 형식적 결합 방식이란 어근과 어근의 배열 방식이 국어의 정상적인 단어 배열 방식 즉 통사적 구성과 같고 다름을 고려한 것이다. 여기에는 합성어의 각 구성 성분들이 가지는 배열 방식이 국어의 정상적인 단어 배열법과 같은 ㉠'통사적 합성어'와 정상적인 배열 방식에 어긋나는 ㉡'비통사적 합성어'가 있다.

	㉠	㉡
①	가려내다, 큰일	굳은살, 덮밥
②	물렁뼈, 큰집	덮밥, 산들바람
③	큰집, 접칼	보슬비, 얕보다
④	굳은살, 그만두다	물렁뼈, 날뛰다

|8~10| 다음 글을 읽고 물음에 답하시오.

(가)

파란 녹이 낀 구리 ㉠거울 속에
내 얼굴이 남아 있는 것은
어느 왕조의 유물이기에
이다지도 욕될까

나는 나의 참회의 글을 한 줄에 줄이자.
— 만 이십사 년 일 개월을
  무슨 기쁨을 바라 살아왔던가.

내일이나 모레나 그 어느 즐거운 날에
나는 또 한 줄의 참회록을 써야 한다.
— 그때 그 젊은 나이에
  왜 그런 부끄런 고백을 했던가.

밤이면 밤마다 나의 거울을
손바닥으로 발바닥으로 닦아 보자

그러면 어느 운석(隕石) 밑으로 홀로 걸어가는
슬픈 사람의 뒷모양이
거울 속에 나타나 온다.

　　　　　　　　　　　　- 윤동주, 참회록 -

(나)

㉡거울속에는소리가없소
저렇게까지조용한세상은참없을것이오

거울속에도내게귀가있소
내말을못알아듣는딱한귀가두개나있소

거울속의나는왼손잡이오
내악수(握手)를받을줄모르는—악수(握手)를모르는왼손잡이오

거울때문에나는거울속의나를만져보지를못하는구려마는
거울이아니었던들내가어찌거울속의나를만나보기만이라도했겠소

나는지금(至今)거울을안가졌소마는거울속에는늘거울속의내가있소
잘은모르지만외로된사업에골몰할께요

거울속의나는참나와는반대(反對)요마는
또꽤닮았소
나는거울속의나를근심하고진찰(診察)할수없으니퍽섭섭하오

            — 이상, 거울 —

8. ㈎에 대한 설명으로 적절하지 않은 것은?

① '녹'은 역사의 흔적을 지우는 부정적인 것을 암시하고 있다.

② 화자가 거울을 닦는 '밤'은 자기 부끄러운 자아를 인식하고 반성하는 시간이면서 암울한 시대 상황을 나타낸다.

③ 화자가 밤마다 거울을 닦는 행위는 부끄러운 과거를 숨기기 위한 화자의 노력이다.

④ '슬픈 사람의 뒷모양'은 잘못된 역사를 극복하고 자신의 진실된 모습을 찾고자 하는 미래의 화자의 모습을 나타낸다.

9. ㈎와 ㈏에 나타난 ㉠, ㉡ 거울의 의미로 옳은 것은?

① ㉠ – 치욕적인 역사 속에서 적극적으로 저항했던 화자의 모습

② ㉠ – 가치있는 역사의 유물

③ ㉡ – 현실 속의 자아를 적극적으로 마주하는 공간

④ ㉡ – 거울 밖의 나와 거울 안의 내가 악수를 할 수 없게 하는 단절의 매개체

10. ㈏에 나타난 '거울 속의 나'와 '거울 밖의 나'를 비교한 내용으로 가장 적절한 것은?

	거울 밖의 나	거울 속의 나
①	일상적 자아	이성적 자아
②	현실적 자아	본질적 자아
③	주체적 자아	타협적 자아
④	비관적 자아	본질적 자아

▌11 ～ 12 ▌ 다음을 읽고 물음에 답하시오.

아들러는 우월성이란 개념을 자기완성 혹은 자아실현이란 의미로 사용하였다. 아들러는 인간의 자기 신장, 성장, 능력을 위한 모든 노력의 근원이 열등감이라고 말했다. 그러나 '인간이 추구하는 궁극적인 목적은 무엇인가?', '삶의 일관성과 통일성을 부여하는 것은 무엇인가?', '인간은 단지 열등감의 해소만을 추구하는가?', '인간은 단지 타인을 능가하기 위해서만 동기화되는가?' 이러한 질문들에 대해 아들러는 1908년까지는 '공격성'으로, 1910년경에는 '힘에 대한 의지'로, 그 후부터는 '우월성 추구'라는 개념으로 설명했다.

우월성의 추구는 삶의 기초적인 사실로 모든 인간이 문제에 직면하였을 때 부족한 것은 보충하며, 낮은 것은 높이고, 미완성의 것은 완성하며, 무능한 것은 유능한 것으로 만드는 경향성이다. 즉 우월성의 추구는 모든 사람의 선천적인 경향성으로 일생을 통해 환경을 적절히 통제하며 동기의 지침이 되어 심리적인 활동은 물론 행동을 안내한다. 아들러는 우월성의 추구를 모든 인생의 문제 해결의 기초에서 볼 수 있으며 사람들이 인생의 문제에 부딪히는 양식에서 나타난다고 하였다. 출생에서 사망에 이르기까지 우월성 추구의 노력은 인간을 현 단계에서 보다 넓은 단계의 발달로 이끌어 준다. 모든 욕구는 완성을 위한 노력에서 비롯되기 때문에 분리된 욕구란 존재하지 않는다.

우월성 추구는 그 자체가 수천 가지 방법으로 나타날 수 있으며, 모든 사람들은 자신의 성취나 성숙을 추구하는 일정한 노력의 형태를 가지고 있다고 한다. 우월성의 추구는 다음과 같은 특징들로 설명된다.

첫째, 우월성의 추구는 유아기의 무능과 열등에 뿌리를 두고 있는 기초적 동기이다. 둘째, 이 동기는 정상인과 비정상인에게 공통적으로 존재한다. 셋째, 추구의 목표는 긍정적 또는 부정적 방향이 있다. 긍정적 방향은 개인의 우월성을 넘어서 사회적 관심, 즉 타인의 복지를 추구하며, 건강한 성격이다. 부정적 방향은 개인적 우월성, 즉 이기적 목표만을 추구하며, 이를 신경증적 증상으로 본다. 넷째, 우월성의 추구는 많은 힘과 노력을 소모하는 것이므로 긴장이 해소되기보다는 오히려 증가한다. 다섯째, 우월성의 추구는 개인 및 사회 수준에서 동시에 일어난다. 즉 개인의 완성을 넘어서 문화의 완성도 도모

한다는 것이다. 이러한 관점에서 아들러는 개인과 사회의 관계가 갈등하는 관계가 아니라 조화로운 관계로 파악하였다.

이러한 특징을 통해 우월성의 추구가 건전하게 이루어진 성격에 사회적 관심을 가미하고 있음을 이해할 수 있다. 즉 사회적 관심을 가진 바람직한 생활양식을 바탕으로 한 우월성 추구가 건강한 삶이라고 할 수 있다.

11. 윗글의 내용 전개에 대한 설명을 가장 적절한 것은?

① 사건을 인과관계에 따라 순서대로 설명한다.

② 중심 대상의 개념을 밝히고 특징을 설명한다.

③ 다양한 예시를 통해 다각도의 시선의 필요성을 설명한다.

④ 서로 상반되는 관점을 절충할 수 있는 결론을 도출한다.

12. 윗글의 내용과 일치하는 것은?

① 우월성 추구는 정상인과 비정상인을 가르는 기준이 된다.

② 우월성 추구는 긍정적 방향의 목표만을 추구한다.

③ 우월성 추구는 많은 힘과 노력으로 긴장을 해소시킨다.

④ 우월성 추구는 개인 및 사회 수준에서 동시에 일어난다.

13. 다음 밑줄 친 부분 중 한글 맞춤법에 따라 바르게 표기된 것은?

① 시간이 <u>넉넉치 않은</u> 데도 옷을 몇 번이나 갈아입었다.

② <u>간편케</u> 접은 옷가지들이 빼곡했다.

③ 드넓은 갯벌이 <u>들어나자</u> 사람들이 하나둘 바지를 걷고 갯벌로 들어갔다.

④ 이것이 당신이 찾던 <u>것이요.</u>

14. 다음 중 밑줄 친 단어의 의미가 다른 것은?

① 독에 가득 찬 물이 한순간에 사라졌다.

② 의사 선생님은 <u>찬</u> 음식을 가장 조심하라고 말했다.

③ 출퇴근 시간만 되면 버스에 사람이 가득 <u>찼다.</u>

④ 주차장이 가득 <u>차서</u> 더 이상 주차할 곳이 없다.

| 15 ~ 16 | 다음 글을 읽고 물음에 답하시오.

㉠'나'는 관모가 나타날 때까지 동굴을 들락날락하고만 있다. 드디어 관모는 동굴까지 올라왔다. 그 얼굴이 어둠 속에서 땀에 번드거렸다. 그는 대뜸

"동강나간 팔 핑계를 하고 드러누워 처먹고만 있을테냐?"

고 하며,

"오늘은 네놈도 같이 겨울 준비를 해야겠다."

면서 김 일병을 일으켜 끌고 동굴을 나간다. '내'가 불현듯 관모의 팔을 붙잡는다. 관모가 독살스런 눈으로 '나'를 쏘아본다. '나'는 아무 말도 못하고 고개를 떨어뜨린다.

"넌 구경이나 하고 있어……"

타이르듯 낮게 말하고 관모는 김 일병을 앞세우며 산을 내려간다. 말끝에서 '나'는

"이 참새 가슴아"

하고 말하고 싶어 하는 관모의 소리를 들은 듯싶었다. 뜻밖의 기동으로 침착하게 발길을 내려 걷고 있는 김 일병은 단 한 번 길을 내려가면서 '나'를 돌아본다. 그러나 그 눈에는 아무것도 찾아볼 수가 없다. 둘은 눈길에 검은 발자국을 내며 골짜기로 내려갔다. 그리고 그들이 골짜기의 잣나무 숲으로 아물아물 숨어 들어가 버릴 때까지 '나'는 거기에 못박힌 듯 붙어 서 있기만 했다. 어느덧 눈은 그치고 눈 위를 스쳐 온 바람이 관목 사이로 기분 나쁜 소리를 내며 빠져나갔다. 드문드문 뚫린 구름장 사이로는 바쁜 별들이 서쪽으로 서쪽으로 흐르고 있었다. 조금 뒤에 골짜기에서는 한 발의 총 소리가 적막을 깼다. 그 소리는 골짜기를 한 바퀴 돌고 난 다음 남쪽 산등성이로 긴 꼬리를 끌며 사라져 갔다. '나'는 비로소 잠에서 깨어난 듯 깜짝 놀란다.

그 총 소리는 나의 가슴 속 깊이 어느 구석엔가 숨어서 그 전쟁터의 수많은 총 소리에도 지워지지 않고 남아 있었던 선명한 기억속의 것이었다. 어린 시절, 노루 사냥을 갔을 때에 설원에 메아리치던 그 비정(非情)과 살의(殺意)를 담은 싸늘한 음향이었다.

그러자 '나'의 눈앞에는 그 설원의 끝없이 번져 가는 핏자국이 떠올랐다. 그 때 또 한 발의 총 소리가 메아리쳐 올랐다. '나'는 몸을 부르르 떨고 나서 동굴 구석에 남은 한 자루의 총을 걸어 메고, 그 '핏자국'을 따라 산을 내려갔다.

"오늘은 그 노루를 보고 말겠다. 피를 토하고 쓰러진 노루를."

"날더러는 구경만 하라고? 그렇지. 잔치는 언제나 너희들뿐이었지."

이런 말들이 '내'가 그 '핏자국'을 따라가는 동안에 수없이 되풀이되고 있었다.

그 핏자국은 끝날 것 같지 않았다. 끝없이 눈 위로 계속되었다. 나는 뛰었다. 그 핏자국은 관모가 눈을 헤치고 간 발자국이었다는 것을 안 것은 내가 가시나무에 이마를 할퀴고 정신을 다시 차렸을 때였다. 이마에 섬뜩한 촉감을 느끼고 발을 멈추어 섰을 때 나의 뒤에서는 가시나무가 배를 움켜쥐며 웃고 있는 것처럼 커다란 키를 흔들고 있었다. 나는 잣나무 숲 속으로 들어서 있었다. 이마에 손을 대어 보니 미끄럽고 검은 것이 묻어났다. 손가락을 뿌리고 다시 발자국을 따라 몸을 움직이려고 했을 때였다.

"어딜 가는 거야."

－ 이청준, 「병신과 머저리」 －

15. 윗글에 나타난 '나'의 성격을 바르게 이해한 것은?

① 생명을 소중히 여기고 있으나 소극적인 성격이다.

② 자신에게 닥친 일은 치밀하게 설계하고 적극적으로 해결한다.

③ 과거의 상처에만 얽매여 어떤 것도 행동으로 옮기지 않는다.

④ 자신의 목표를 실현하기 위해 냉철한 결단을 내린다.

16. 윗글의 ㉠에서 나타나는 '나'의 심정을 한자성어로 적절하게 표현한 것은?

① 독야청청

② 역지사지

③ 일희일비

④ 좌불안석

┃17 ~ 18┃ 다음을 읽고 물음에 답하시오.

(가)

"하늘이 세상 만물을 내시었으되 그중 제일 귀한 것이 사람이라고 하였습니다. 소인도 그런 복을 받고 태어났지만 아직도 떳떳이 하늘을 우러러보지 못하겠습니다."

열 살밖에 안 된 아이가 평생을 다 산 것 같은 말을 하니 홍 판서는 어이가 없었다.

"그 무슨 말이냐?"

길동의 얼굴이 이내 붉어졌다.

"소인이 대감의 정기를 받아 태어났으니 어찌 낳고 길러 주신 부모님의 은혜를 잊겠습니까. 하오나 소인이 서러워하는 것은…… 서러워하는 것은…… 아버지를 '아버지'라고 부르지 못하고 형을 '형'이라고 못하오니 이 어찌 사람이라 하오리까?"

어느새 길동의 목이 메었다.

홍 판서가 그 말을 들으니 불쌍한 생각이 들었다. 그러나 만일 그 마음을 달래 주면 제멋대로 될까 염려하여 일부러 크게 꾸짖었다.

"양반 집안에 첩이나 종의 자식이 너뿐만이 아니거늘, 조그만 아이가 어찌 이리도 방자하냐? 앞으로 또 그런 말을 하면 다시는 너를 보지 않으리라!"

(나)

"사내는 모름지기 세상에 나가 그 이름을 드높여 부모를 드러내고 조상의 이름을 빛내야 할 것입니다. 하오나 소자의 팔자가 사나워 친척이며 일가들이 다 천하게 여깁니다. 하오니 하늘과 땅은 제 서러운 마음을 알 것입니다. ㉠대장부가 세상을 살며 남에게 천한 대접을 받는 것이 어찌 달갑겠습니까? 제 이름을 당당히 드러내고 병조 판서 벼슬을 받지 못할 바엔

차라리 집을 떠나 다른 길을 찾겠습니다. 바라건대 어머님께서는 구구한 정에 이끌리지 마시고 소자가 다시 찾아올 때를 기다리소서."

그 어미가 깜짝 놀라 얼굴빛을 달리하였다.

"양반 집안에 천한 신분으로 태어난 것이 너뿐만이 아니다. 네가 어찌 그런 생각으로 이 어미의 마음을 아프게 하느냐?"

– 허균, 「홍길동전」 –

17. 윗글의 시점에 대한 설명으로 옳은 것은?

① 서술자가 외부에서 객관적으로 인물을 관찰해 가며 이야기를 끌어 나가고 있다.

② 서술자가 외부에서 전지적 위치에서 인물의 생각까지를 서술하고 있다.

③ 서술자가 내부에서 주인공인 다른 인물을 관찰하여 서술하고 있다.

④ 서술자가 내부에서 주인공인 자신의 이야기를 전달하고 있다.

18. 윗글의 ㉠에 드러난 사상으로 적절한 것은?

① 효 사상

② 입신양명 사상

③ 윤회 사상

④ 물아일체 사상

19. 〈보기〉를 읽고 띄어쓰기가 바르지 않은 것을 고르시오.

〈보기〉

'노력한 만큼 대가를 얻다.'에서의 '만큼'과 '나도 너만큼은 공부를 잘 해.'의 '만큼'은 단어의 형태는 같으나 단어가 수행하는 기능은 다르다. 즉, 전자의 '만큼'은 의존명사이지만, 후자의 '만큼'은 조사이다. 의존명사의 경우는 앞말과 띄어 써야 하고 조사의 경우는 앞말에 붙여 써야 한다.

① 동생의 집이 큰지 작은지 물어보지도 못했다.

② 선생님 말씀 대로 행동해야 한다.

③ 그녀는 웃을 뿐 좋다는 말은 하지 않았다.

④ 그렇게 불만이면 법대로 해

20. 다음을 읽고 밑줄 친 단어의 '-ㅁ/-음'의 쓰임이 다른 것을 고르시오.

> **'-ㅁ/-음'에 대하여**
>
> 명사형 어미 : 동사의 어간 뒤에 붙어서 동사를 명사형이 되게 하는 역할을 한다. 동사의 명사형은 서술성이 있어 주어를 서술하며 품사가 변하지 않는다. 앞에 부사적 표현이 쓰일 수 있다.
>
> 접미사 : 동사의 어간 뒤에 붙어서 동사를 명사로 파생시킨다. 파생된 명사는 서술성이 없으므로 앞에 부사적 표현이 쓰일 수 없고, 관형어가 올 수 있다.

① 그 아이의 고단한 <u>삶</u>만 두고 따져본다면 무조건 비난만 할 수는 없다.

② 깊은 <u>잠</u>을 잔 것이 언제였는지 기억도 나지 않았다.

③ 어머니의 마지막 물음에 나는 작게 <u>웃음</u>으로써 답했다.

④ 얼마나 땀을 흘렸는지 <u>얼음</u>이 가득 담긴 물을 단숨에 들이켰다.

✏ 국사

1. 다음 문화재가 있었던 시기에 대한 설명으로 옳지 않은 것은?

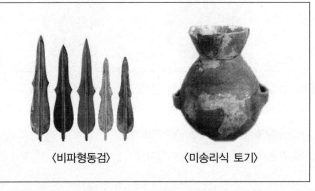

〈비파형동검〉   〈미송리식 토기〉

① 반달돌칼과 같은 간석기가 농기구로 사용되었다.

② 가락바퀴와 뼈바늘을 이용한 원시수공업이 시작되었다.

③ 잉여생산물이 발생하면서 계급이 분화되어 군장이 출현하였다.

④ 구릉지대에 움집을 짓고 살았다.

2. 다음의 문화적 특징이 나타나는 나라에 대한 설명으로 옳지 않은 것은?

> 천군이라는 종교지배자가 지배하는 신성지역(소도)을 긴 나무를 세우고 청동방울을 달아 구분하였다. 이를 통해 신·구 문화의 충돌과 갈등을 완화하는 기능이 이루어졌다.

① 김제 벽골제, 밀양 수산제 등의 저수지를 축조하였다.

② 두레의 풍습은 신석기 씨족사회의 공동체적 전통을 보여 준다.

③ 민며느리제 풍습이 있었다.

④ 5월에는 수릿날, 10월에는 계절제라는 제천 행사가 있었다.

3. 다음 유물과 관련된 나라에 대한 설명으로 옳은 것은?

① 통일 왕국으로 발전하지 못하고 신라에 병합되었다.

② 마립간에서 왕으로 칭호가 변경되었다.

③ 신라에 침략한 왜를 격퇴하였다.

④ 일본에 칠지도를 하사하였다.

4. 다음 지도와 같은 형세를 이루었던 시기의 ㈎～㈐ 국가의 상황에 대한 설명으로 옳은 것은?

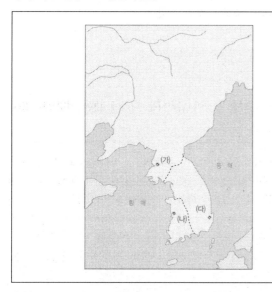

① ㈎ - 남·북조와 외교를 맺고 남하정책을 추진하였다.

② ㈏ - 신라와 나제동맹을 체결하였다.

③ ㈐ - 김 씨의 왕위 세습권이 확립되었다.

④ ㈐ - 세력을 확장한 지역에 순수비를 건립하였다.

5. 다음은 부여와 고구려의 사회 모습에 대한 설명이다. 이 시기에 나타난 역사적 사실로 옳은 것은?

> • 옛 풍속에 장마나 가뭄이 계속되어 오곡이 영글지 않으면, 그 허물을 왕에게 돌려 '왕을 바꾸어야 한다'거나 '왕을 죽여야 한다'고 하였다.
> • 본래 연노부·절노부·순노부·관노부·계루부의 다섯 종족이 있어 처음에는 연노부에서 왕을 세웠는데, 지금은 계루부에서 대신하고 있다.

① 유교, 한자, 불교, 율령체제 등을 받아들였다.

② 지속적인 정복활동을 통해 영토를 확장시켰다.

③ 왕 아래 대가들이 각기 관리를 거느리고 있었다.

④ 지방의 부족장 세력들을 중앙귀족으로 흡수하였다.

6. 다음 괄호 안에 들어갈 국왕과 관련되는 내용으로 옳은 것은?

> (   )이 원나라의 제도를 따라 변발을 하고 호복을 입고 전상에 앉아 있었다. 이연종이 간하려고 문밖에서 기다리고 있었더니, 왕이 사람을 시켜 물었다. (중략) 답하기를 "변발과 호복은 선왕의 제도가 아니오니, 원컨대 전하께서는 본받지 마소서."라고 하니, 왕이 기뻐하면서 즉시 변발을 풀어 버리고 그에게 옷과 요를 하사하였다.
>
> – 「고려사」 –

① 노비 문제를 처리하는 장례원을 설치하였다.

② 정동행성을 이문소를 폐지하고 요동지방을 공략하였다.

③ 권문세족의 경제기반을 무너뜨리기 위해 과전법을 실시하였다.

④ 직지심체요절이 간행되었다.

7. 다음과 같은 정책이 시행되었던 시대의 경제 상황에 대한 설명으로 옳은 것은?

> • 해동통보를 비롯한 돈 15,000관을 주조하여 관리들에게 나누어 주었다.
> • 은 한 근으로 우리나라 지형을 본판 은병을 만들어 통용하였는데, 민간에서는 이를 활구라고 불렀다.

① 시전 상인의 금난전권을 제한하였다.

② 대도시에 주점, 다점 등의 관영 상점을 두었다.

③ 또 다른 화폐로 당백전을 주조하였다.

④ 공인이 상업 활동을 주도하였다.

8. 다음 사료에 나타난 편찬 배경을 가지는 이 역사서는 무엇인가?

> 신 부식은 아뢰옵니다. 옛날에는 여러 나라들도 각각 사관을 두어 일을 기록하였습니다. (중략) 해동의 삼국도 지나온 세월이 장구하니, 마땅히 그 사실이 책으로 기록되어야 하므로 마침내 늙은 신에게 명하여 편집하게 하셨사오나, 아는 바가 부족하여 어찌할 바를 모르겠습니다.

① 삼국사기
② 삼국유사
③ 제왕운기
④ 해동역사

9. 다음은 고려 말 신진사대부의 성장과정을 나타낸 것이다. 순서대로 바르게 나열한 것은?

> ㈎ 전제 개혁을 단행하여 과전법을 실시하였다.
> ㈏ 성균관을 부흥시켜 순수 유교교육기관으로 개편하고 성리학을 연구하게 하였다.
> ㈐ 이성계가 압록강의 위화도에서 회군하였다.
> ㈑ 쌍성총관부를 무력으로 수복하였다.

① ㈎ - ㈏ - ㈐ - ㈑
② ㈑ - ㈏ - ㈐ - ㈎
③ ㈑ - ㈐ - ㈏ - ㈎
④ ㈏ - ㈑ - ㈐ - ㈎

10. 다음 밑줄 친 '이자겸'에 대한 설명으로 옳은 것은?

> <u>이자겸</u>의 아들들이 앞 다투어 큰 집을 지어 집들이 거리에 이어졌다. 세력이 더욱 커짐에 따라 뇌물이 공공연히 오고 갔다. 사방에서 바치는 음식과 선물이 넘치게 되니 썩어서 버리는 고기가 항상 수만 근이나 되었다.
> ─「고려사」─

① 친원세력으로 농장을 소유하였다.
② 금나라의 사대 요구를 수용하였다.
③ 성리학을 학문의 주류로 삼았다.
④ 무신정변을 통해 집권하였다.

11. 다음은 동학 농민 운동의 전개 과정이다. ㈎에 들어갈 역사적 사실로 옳은 것은?

> 고부 농민 봉기 → ___㈎___ → 집강소 설치 → 우금치 전투

① 조병갑의 가혹한 수탈이 있었다.
② 전봉준 등의 동학지도자가 체포되었다.
③ 일본이 경복궁을 점령하고 내정간섭을 하였다.
④ 외국군대 철수, 폐정개혁안을 조건으로 정부와 화친하였다.

12. 다음 자료에서 나타난 문제점을 해결하기 위해 시행한 정책은?

> • 비록 자기 군현에서 생산되는 토산물이 있더라도, 백성들이 스스로 납부하지 못하게 하고 반드시 방납하는 사람이 있습니다. 이들은 권력자에게 연줄을 대고서 대납권을 손에 넣어 원래 물품 가격의 몇 배를 징수합니다.
> ─「포저집」─
> • 지금 군현의 공물 가운데 토산물이 아닌 것이 많습니다. 이 때문에 공물을 다른 군현에서 구입하거나 도성 시장에서 사서 납부하게 되니, 백성들의 부담이 100배에 이르고 국가의 재정 또한 넉넉하지 못합니다.
> ─「선조수정실록」─

① 대동법
② 균역법
③ 전분6등법
④ 관수관급제

13. 다음과 같은 자료를 저술한 인물로 옳은 것은?

> 윤회설이 판명되면 인과설은 판명하지 않아도 명백해진다. (중략) 그런데 과연 불씨의 설과 같다면 사람의 화복과 질병이 음양오행과는 관계없이 모두 인과응보에서 나오는 것이 되는데, 어찌하여 우리 유가의 음양오행을 버리고 불씨의 인과응보설을 가지고서 사람의 화복을 정하고 사람의 질병을 진료하는 사람이 한 사람도 없느냐, 불씨의 설이 황당하고 오류에 가득 차 족히 믿을 수 없다.
> ─「불씨잡변」─

① 이황   ② 이이
③ 정몽주   ④ 정도전

14. 다음의 밑줄 친 (가)에 해당하는 신문은?

> 모두 41조로 구성된 신문지법은 형식상 일본의 신문지법을 모방한 것이나 내용은 그보다 훨씬 가혹했다. 신문 창간 시 사전에 내부대신의 허가를 받아야 하는 점과 신문을 발행하기에 앞서 관할 관청에 2부를 납부하게 해 사전검열을 제도화한 점이 그것이다. 이 법은 처음에는 국내 발행의 민간신문만을 대상으로 했으나 1908년 개정 법률에는 미국과 러시아의 한국인 교포들이 발행하는 신문과 베델 명의의 __(가)__ 도 단속대상에 포함시켰다. 결국 해외에서 들어오는 민족지의 유입을 막고, 국내에서 발행하는 __(가)__ 를 탄압할 목적으로 제정했음을 알 수 있다.

① 한성순보

② 대한매일신보

③ 만세보

④ 독립신문

15. 다음 (가), (나)와 관련된 관청으로 바르게 연결된 것은?

> • __(가)__ (은)는 재상과 대등하다. 일정한 직책에 매이지 않고 천하의 득실과 백성의 이해, 나라의 주요한 일에 관여하는 것은 재상만이 할 수 있는데, __(가)__ (은)는 이에 대해 말할 수 있으니, 그 지위는 낮지만 직무는 재상과 다를 바 없다.
> • __(나)__ (은)는 비록 같은 언관이지만 그 직책은 달라, 규찰을 맡아 백관의 비리를 다스린다. 그러므로 임금에게 잘못이 있으면 __(가)__ (이)가 글을 올려 아뢰고, 신하가 법을 어기면 __(나)__ (이)가 상소하여 탄핵한다.
>
>   – 「경제문감」 –

① (가) – 승정원, (나) – 사간원

② (가) – 의금부, (나) – 승정원

③ (가) – 사간원, (나) – 사헌부

④ (가) – 사헌부, (나) – 의금부

16. 다음 자료와 관련된 의병 운동을 주제로 하여 기사를 쓴다고 할 때, 기사제목으로 옳은 것은?

> 나라에 대한 불충은 어버이에 대한 불효요, 어버이에 대한 불효는 나라에 대한 불충이다. 그러므로 나는 3년상을 치른 뒤 다시 의병을 일으켜 일본을 소탕하고 대한을 회복하겠다.

① 의병 연합 부대, 서울 진격 준비 중!

② 혜성같이 평민 의병장이 등장하다!

③ 을미사변의 비통함, 의병 조직되다!

④ 을사조약, 전국에 의병을 일으키다!

17. 다음은 일제의 식민지 지배 정책의 변천을 나타낸 것이다. (가)에 해당하는 시기에 일제가 실시한 정책으로 옳지 않은 것은?

> | 일제가 토지조사를 위해 측량하는 모습 |
> | :---: |
> | ⇩ |
> | 치안유지법에 의해 송치되는 민족운동가 |
> | ⇩ |
> | (가) |

① 국가 총동원령

② 징병제 실시

③ 황국 신민 서사 암송

④ 헌병 경찰제 실시

18. 다음과 관련된 단체에 해당하는 사실로 옳은 것은?

> • 조선의 급선무는 민중의 교육이다.
> • 인민의 견문을 넓히려면 우선 국내에 신문을 반포해야 한다.
> • 부녀를 교육하는 것은 의리상 경제상에 마땅하다.
> • 의회원을 설립하는 것이 정치상에 필요하다.

① 일제의 황무지 개간권 요구에 반대하였다.

② 만민공동회를 개최하였다.

③ 국채보상운동을 주도하였다.

④ 민족유일당 운동을 추진하였다.

19. 다음 선거 이후의 상황으로 옳은 것은?

> 우리나라 역사상 최초로 실시된 보통 선거로, 선거권은 만 21세에 달하는 남녀 국민 모두에게 부여되었고, 피선거권은 만 25세에 이르는 모든 국민에게 인정되었다. 그러나 일본정부로부터 작위를 받은 자나 일본 제국의회 의원이 되었던 자 등에게는 피선거권을 부여하지 않았다.

① 조선건국준비위원회가 결성되었다.
② 제2차 미·소 공동위원회가 결렬되었다.
③ 이승만은 정읍에서 남한만의 단독 정부 수립을 주장하였다.
④ 반민족행위처벌법을 제정·공포하였다.

20. 다음 자료에 나타난 민주화 운동에 대한 설명으로 옳은 것은?

> 오늘 우리는 전 세계 이목이 우리를 주시하는 가운데 40년 독재정치를 청산하고 희망찬 민주국가를 건설하기 위한 거보를 전 국민과 함께 내딛는다. 국가의 미래요, 소망인 꽃다운 젊은 이를 야만적인 고문으로 죽여 놓고 그것도 모자라서 뻔뻔스럽게 국민을 속이려 했던 현 정권에 국민의 분노가 무엇인지를 분명히 보여주고, 국민적 여망인 개헌을 일방적으로 파기한 4·13 폭거를 철회시키기 위한 민주장정을 시작한다.

① 5년 단임의 대통령 직선제로 개헌을 이루어냈다.
② 대통령 간선제 개헌을 이루어냈다.
③ 3선 개헌안이 통과되는 계기가 되었다.
④ 자유당 정권을 무너뜨렸다.

✏ **일반상식**

1. 다음 중 동태평양의 해수온도가 갑자기 낮아져 기상 이변을 일으키는 현상은?

① 부영양화
② 푄 현상
③ 엘리뇨 현상
④ 라니냐 현상

2. 다음은 어떤 양식의 음악을 설명하는 것인가?

> 낭만파시대의 후기에 러시아, 핀란드, 노르웨이 등에서 일어났으며 그 나라 민족의 독특한 음악적인 색채를 담아 표현하려 한 음악으로 시벨리우스의 핀란디아, 스메타나의 나의조국, 그리그의 페르퀸트 등이 대표적이다.

① 국민악파 음악
② 고전파 음악
③ 표현주의 음악
④ 인상주의 음악

3. Pax Sinica란 무엇인가?

① 중국이 주도하는 세계평화
② 한중일 동북아 3개국의 아시아 경제리드
③ 미·소간의 새로운 세계평화질서 확립
④ 세계 곡물수출을 통한 미국의 경제 부흥

4. 문화 변동의 3대 요인이 바르게 짝지어진 것은?

① 발명, 제도, 혁신
② 발명, 발견, 기술
③ 발명, 발견, 전파
④ 발견, 학습, 모방

5. 국악의 장단을 가장 느린 것부터 순서대로 나열한 것으로 옳은 것은?

① 중모리 → 중중모리 → 자진모리 → 진양조 → 휘모리
② 진양조 → 중모리 → 중중모리 → 휘모리 → 자진모리
③ 진양조 → 중모리 → 중중모리 → 자진모리 → 휘모리
④ 진양조 → 중중모리 → 자진모리 → 중모리 → 휘모리

6. 문화 동화의 사례로 가장 적절한 것은?

① 국악기와 서양악기가 협연하는 퓨전 국악 공연 문화
② 한복의 화려함과 양복의 편리함이 결합한 의복 문화
③ 서양식 결혼식과 전통 폐백이 동시에 존재하는 결혼 문화
④ 백인 문화로 대체되어 가는 아메리카 원주민들의 토착 문화

7. 다음 중 대량거래로 유통되는 모든 상품의 가격변동을 측정하기 위해 작성된 지수를 일컫는 말은?

① 디플레이션
② 인플레이션
③ 소비자 물가지수
④ 생산자 물가지수

8. 다음 ㈎와 ㈏가 각각 바탕으로 하고 있는 경제 개념은?

> ㈎ : 나 여자친구와 헤어졌어.
> ㈏ : 왜?
> ㈎ : 내가 직장이 없어서……일부러 그만둔건데…….
> ㈏ : 이미 헤어졌으니 잊어버려.

	㈎	㈏
①	자발적 실업	매몰비용
②	비자발적 실업	경제비용
③	계절적 실업	매몰비용
④	마찰적 실업	경제비용

9. 전류와 자기장 전류가 흐르는 도선에는 자기장이 형성되는데 이처럼 전류 방향과 자기장 방향의 관계를 나타내는 법칙은?

① 쿨롱의 법칙
② 앙페르법칙
③ 옴의 법칙
④ 렌츠의 법칙

10. 다음 중 동형접합에 해당하는 것을 고르시오.

구분	AB	Ab	aB	ab
Ab	㉠	㉡	㉢	㉣
aB	㉤	㉥	㉦	㉧

① ㉠㉢
② ㉡㉦
③ ㉤㉧
④ ㉣㉥

11. 공기 중의 산소농도를 희박하게 하거나 연소하는데 필요한 공기량을 조절하는 소화방법은?

① 질식소화
② 냉각소화
③ 제거소화
④ 파괴소화

12. 다음 가스 중 소량으로도 인체에 가장 치명적인 것은?

① H_2S
② CO_2
③ SO_2
④ NO_2

13. 이산화탄소의 소화작용 중 거의 기대할 수 없는 것은?

① 부촉매작용
② 질식작용
③ 피복작용
④ 냉각작용

14. 「위험물안전관리법 시행규칙」상 1인의 안전관리자를 중복하여 선임할 수 있는 저장소로 옳지 않은 것은?

① 10개 이하의 옥내저장소

② 20개 이하의 옥외저장소

③ 30개 이하의 옥외탱크저장소

④ 옥내탱크저장소

15. 「화재예방, 소방시설 설치·유지 및 안전관리에 관한 법」상 소방시설 등에 대한 자체 점검을 하지 아니하거나 관리업자 등으로 하여금 정기적으로 점검하게 하지 아니한 자에 대한 벌칙 기준으로 옳은 것은?

① 1년 이하의 징역 또는 1,000만 원 이하의 벌금

② 3년 이하의 징역 또는 1,500만 원 이하의 벌금

③ 3년 이하의 징역 또는 3,000만 원 이하의 벌금

④ 6개월 이하의 징역 또는 1,000만 원 이하의 벌금

16. 「위험물안전관리법」상 청문을 실시하여 처분해야 하는 것은?

① 제조소등 설치허가의 취소

② 제조소등 영업정지 처분

③ 탱크시험자의 영업정지 처분

④ 과징금 부과 처분

17. 「재난 및 안전관리 기본법」에서 규정하고 있는 "긴급구조 현장지휘"에 포함된 내용으로 옳은 것은?

㉠ 추가 재난의 방지를 위한 인명대피와 현장 통제
㉡ 긴급구조에 필요한 물자 관리
㉢ 재난현장에서 인명의 탐색·구조
㉣ 사상자의 응급처치 및 의료기관으로의 이송
㉤ 탐색구조본부의 설치·운영
---

① ㉠㉡㉣

② ㉡㉢㉤

③ ㉡㉢㉣

④ ㉢㉣㉤

18. 「119구조·구급에 관한 법률 시행령」에 따른 구급대원의 자격 기준이 아닌 것은?

① 소방서장이 실시하는 구급업무에 관한 교육을 받은 사람

② 「응급의료에 관한 법률」에 따라 1급 응급구조사 자격을 취득한 사람

③ 「응급의료에 관한 법률」에 따라 2급 응급구조사 자격을 취득한 사람

④ 「의료법」에 따른 의료인

19. 「위험물안전관리법 시행령」상 산화성고체로서 지정수량이 300 킬로그램인 위험물질이 아닌 것은?

① 과염소산염류

② 요오드산염류

③ 브롬산염류

④ 질산염류

20. 「소방기본법 시행령」에 따른 화재경계지구 관리대장에 작성하고 관리하여야 하는 항목이 아닌 것은?

① 소방교육의 실시 현황

② 소방설비의 관리 명령 현황

③ 화재경계지구의 지정 현황

④ 화재예방 및 경계에 필요한 사항

의무소방원 선발
필기시험 모의고사

정답 및 해설

SEOWONGAK
(주)서원각

제1회 정답 및 해설

🖋 국어

1 ①

주어진 글은 고전을 읽어야 한다는 주장을 독자에게 설명하기 위해 '창애에게 답하다', '하룻밤에 아홉 번 강물을 건넌 이야기' 등을 예시로 들며 '고전'을 '지팡이'와 '등댓불'에 빗대어 주장을 뒷받침하고 있다.

2 ①

주어진 글에서 ㉠의 '처리'는 '사무나 사건 따위를 절차에 따라 정리하여 치르거나 마무리를 지음'의 의미이며 ①의 '처리'는 '일정한 결과를 얻기 위하여 화학적 또는 물리적 작용을 일으킴'을 의미한다.

3 ②

② 손가락이나 발가락이 얼어서 감각이 없고 놀리기가 어렵다.
①③④ 모양, 생김새, 행동거지 따위가 산뜻하고 아름답다.

4 ②

①③④는 모두 관련성의 격률에 어긋난다.

5 ②

주어진 빈칸의 뒤에 오는 문장에서 문어체와 대화체의 특성을 설명하고 있으므로 빈칸에는 ②가 오는 것이 적절하다.

6 ②

② (다)는 주제와 어울리지 않는 자료이며 본론에서 이를 이용해 기부에 긍정적 인식을 제고하기는 어렵다.

7 ②

②는 순우리말로 된 합성어로 1-(3)에 해당하여 '댓잎'과 같이 사이시옷을 적는다.

8 ②

② 주어진 글은 거사와 나그네의 대화 형식으로 전개되고 있으나 인물 간의 갈등이 나타나고 있진 않다.

9 ③

주어진 글에서 나그네는 '거울이란 얼굴을 비추어 보거나, 군자가 거울을 보고 그 맑음을 취하는 것'이라는 통념을 제시하여 거사에게 물음을 던짐으로써 거사에게 새로운 이치를 주장할 기회를 제공한다.

10 ④

④ '신년도, 구년도' 등은 발음이 [신년도], [구ː년도]이며 '신년-도, 구년-도'로 분석되는 구조이므로 〈보기〉의 규정이 적용되지 않는다.

11 ②

주어진 글에서 화자는 한숨을 막아보려 문을 닫고 자물쇠를 잠그며 온 틈을 막아보려 노력하지만 어느 틈으로 한숨이 들어와 잠 못 들어 하며 세상을 한탄하고 있다. 여기서 한숨은 끊이지 않는 세상의 시름이며 '큰 자물쇠로 깊숙이 채웠는데'라는 표현을 통해 화자의 깊은 고뇌를 느낄 수 있다.

12 ④

④ 주어진 글에서 사용되는 다양한 음성 상징어는 감각적 이미지와 생동감을 그려내는 역할을 한다.

13 ②

② 온고지신(溫故知新) : 옛것을 익히고 그것을 미루어서 새것을 앎.

① 전전반측(輾轉反側) : 누워서 몸을 이리저리 뒤척이며 잠을 이루지 못함.

③ 낭중지추(囊中之錐) : 주머니 속의 송곳이라는 뜻으로, 재능이 뛰어난 사람은 숨어 있어도 저절로 사람들에게 알려짐을 이르는 말.

④ 후안무치(厚顔無恥) : 뻔뻔스러워 부끄러움이 없음.

14 ②

② 밟다[밥 : 따]는 표준발음법 제10항 '겹받침 'ㄳ', 'ㄵ', 'ㄼ, ㄽ, ㄾ', 'ㅄ'은 어말 또는 자음 앞에서 각각 [ㄱ, ㄴ, ㄹ, ㅂ]으로 발음한다'의 예외 사항으로 '다만, '밟-'은 자음 앞에서 [밥]으로 발음한다'에 해당하는 예시이다.

15 ①

(가)에서 가세에 도움도 되지 않는 책만 읽는 허생에게 도둑질이라도 하라는 말하는 부분에서 양반 계층의 경제적 무능에 대한 비판을 읽을 수 있다. 따라서 '체면도 배가 불러야 차릴 수 있다'는 의미인 '수염이 석 자라도 먹어야 양반'이라는 속담과 의미가 상통한다고 할 수 있다.

16 ③

허생은 안면이 없는 변씨를 찾아가 당당하게 만 냥을 빌려달라고 말하고 있다. 따라서 상황상 '쭈뼛대며' 말하는 것은 어울리지 않는다.

17 ③

변씨는 상대의 숨은 능력을 인정할 줄 아는 안목을 지닌 인물이다. 하지만 처음 보는 허생에게 선뜻 큰돈을 빌려주는 행위를 보았을 때 성취 여부를 계산하고 무언가를 꼼꼼히 따지는 인물이라고 할 수는 없다.

18 ③

주어진 글에서는 동물실험을 찬성했던 데카르트와 칸트의 입장과 일정 조건 하에서 동물 실험을 허용하는 현대의 공리주의 생명윤리학자 그리고 동물 실험을 반대하는 리건의 입장을 모두 소개하고 있으므로 글의 중심내용으로는 ③이 적절하다.

19 ④

① 제시된 글에서 데카르트와 칸트는 동물실험에 찬성의 입장을 취하고 있는 것을 알 수 있다.

② 데카르트는 동물이 아파하는 행동도 진정한 고통의 반영이 아니라고 보았기 때문에 마취없이 해부 실험을 하기도 하였다는 내용은 있으나 마취술 연구에 관한 내용은 제시되어 있지 않다.

③ 현대의 공리주의 생명윤리학자들은 이성이나 언어 능력에서 인간과 동물이 차이가 있더라도 동물실험이 정당화되는 것은 아니라고 본다.

20 ②

제시된 글에서 ㉠의 '높다'는 '이름이나 명성 따위가 널리 알려진 상태에 있다'를 의미한다.

① 아래에서 위까지의 길이가 길다.

③ 수치로 나타낼 수 있는 온도, 습도, 압력 따위가 기준치보다 위에 있다.

④ 어떤 의견이 다른 의견보다 많고 우세하다.

✏️ 국사

1 ④

제시된 유물은 신석기 시대의 조개껍데기 가면과 가락바퀴이다.

①②는 청동기 시대, ③은 구석기 시대에 대한 설명이다.

2 ①

고조선의 세력 범위를 보여주는 유물로 전기에는 비파형 동검, 거친무늬 거울, 미송리식 토기, 탁자식(북방식) 고인돌이 있으며, 후기에는 세형 동검, 잔무늬 거울 등이 있다.

3 ②

(개)는 발해이다. 발해는 신라와 대립관계에 있다가 문왕 때 대립관계 해소 시도로, 신라도(발해의 수도에서 출발하여 동해안을 따라 신라에 이르던 교통로)를 개설하여 신라와 교류를 하였다.

③ 발해는 수도 상경을 비롯한 5경을 전략적 요충지에 설치하고, 전국을 15부로 나누었으며 부 아래에 62주를 편성하였다.

④ 천통(대조영), 인안(무왕), 대흥(문왕), 건흥(선왕) 등의 독자적 연호를 사용하였다.

4 ③

백제의 귀족합의제는 '정사암회의'이다. 집사부는 신라 중대 진덕여왕이 품주를 창부(조세 담당)와 집사부(장관: 중시)로 분리하면서 정비되었다.

5 ④

국자감은 고려 초기의 중앙 교육기관으로, 유학부와 기술학부로 구분하여 교육하였다.

6 ②

노비안검법은 고려 초기 광종이 실시한 개혁정책 중 하나이다. 광종은 과거제를 실시하였으며, 관리의 복색을 정하여 지배층의 위계질서를 확립하였다.

② 고려 성종 때 지방에 12목을 설치하였으며 최승로의 건의에 따라 처음으로 지방관을 파견하였다.

7 ③

고려시대 중류층은 중앙서리(잡류, 중앙 관청의 말단 관리), 남반(궁중의 실무관리), 군반(직업군인, 하급장교), 역리(지방의 역 관리) 등으로 구성되었다.

①은 문벌귀족, ②는 천민, ④는 양민 중 차별받는 양민을 설명하고 있다.

8 ④

고려 무신정권 때의 특수군대인 삼별초에 대한 설명이다.

① 연호군은 고려 공민왕 때 왜구를 방어할 목적으로 만들어진 특수군이다.

② 광군은 고려 정종 때 거란을 방어할 목적으로 호족의 군대를 연합·편성하여 만들어진 특수군이다.

③ 별무반은 고려 숙종 때 여진을 정벌할 목적으로 만들어졌으며, 신기군(기병), 신보군(보병), 항마군(승병)으로 구성되었다.

9 ③

제시문의 (개)는 '태조 왕건'이다. 후삼국 통일 후 사심관 제도와 기인 제도를 실시하여 지방 호족 세력을 견제하였다. 또 민생 안정을 위해 흑창을 설치하였으며 서경을 길지로 여겨 북진 정책을 추진하였다.

③ 고려 성종에 대한 설명이다.

10 ②

제시된 자료는 처인성에서 몽골장수 살리타가 승려 김윤후에게 사살된 후, 몽고의 2차 침입 상황을 나타내고 있다.

① 조선시대 세종 때 4군 6진을 개척하였다.

③ 몽골 침략 이전 고려 중기 예종 때 윤관이 여진족을 몰아내고 동북 9성을 축조하였다.

④ 교정도감은 무신정권 시기 최충헌 이래 무신정권의 최고 정치기관이었다.

11 ④

홍선대원군은 경복궁을 중건하는 재원을 조달하기 위해 당백전을 주조하여 유통시켰다. 이외에도 대전회통과 육전조례 등 법전을 편찬하도록 하고 서원 철폐(47

개만 남김), 만동묘 철폐 등 왕권 강화 정책을 이어갔다. 또, 양전을 실시하고 호포법 및 사창제를 시행하는 등 삼정의 문란을 시정하려 노력하였다.
④ 흥선대원군은 비변사의 기능을 축소하고 의정부의 기능을 부활시켰다.

12 ③

제시문의 '이 전쟁'은 '임진왜란'이다. 권율은 임진왜란 때 행주대첩으로 대승을 거두었다.
① 광해군 시기 강홍립은 명의 원병 요청에 출전하여 조선의 출병이 부득이했음을 적진에 알리고 후금에 항복하였다.
② 삼전도 굴욕은 병자호란 때 일이다.
④ 비변사는 중종 때 삼포왜란을 계기로 설치되었고, 명종 때 을묘왜변을 계기로 상설기구화 되었다.

13 ②

무오사화의 계기가 된 '조의제문'에 대한 자료이며, (가)는 '훈구파'이다. 부국강병을 추구하였던 훈구파(15세기 집권)는 과학과 기술을 중시하였다.
①③④는 사림파에 해당하는 내용이다.

14 ④

서당은 사학이자 초등교육기관으로 훈동·접장에게서 교육받았다.

15 ③

갑신정변, 동학농민운동, 갑오개혁, 독립협회는 모두 평등사회를 추구하였다.
① 재정의 일원화 : 갑신정변, 갑오개혁, 독립협회
② 조세 개혁 : 갑신정변, 동학농민운동, 갑오개혁
④ 외세 배격 : 동학농민운동

16 ②

제시문은 일제 강점기 1920년대의 문화 통치에 대한 내용이다. 3·1운동을 계기로 일제는 통치 정책을 1910년대 무단 통치에서 문화 통치로 바꾸었다.

17 ①

일제 강점기에 활동했던 참의부, 정의부, 신민부는 자치행정기관으로 그 자체로 군정과 민정 조직을 갖춰 정부의 역할을 하기도 하였다.
②는 대한독립군단, ③은 의열단, ④는 한인애국단에 대한 내용이다.

18 ④

제시문은 조선이 맺은 최초의 근대적 조약인 '강화도 조약' 내용이다.
① 제물포 조약은 임오군란으로 발생한 일본측의 피해 보상문제 등을 다룬 조선과 일본 사이의 조약이다.
② 정미7조약은 고종의 강제 퇴위 이후, 일본인 차관을 임명할 것과 황궁 시위를 제외한 군대를 해산할 것을 내용으로 하는 조약이다.
③ 갑신정변 뒤처리(일본에 배상금 지불, 일본 공사관 신축비용 부담) 위하여 일본과 맺은 조약이다.

19 ④

자유당의 이승만의 3·15 부정선거 과정을 나타낸 자료이다. 이는 4·19 혁명의 직접적인 원인이 되었다.
① 박정희 정부의 유신체제에 반발하여 부산과 마산에서 발발하였다.
② 박정희를 중심으로 한 군부 세력이 발표한 내용이다.
③ 5·18 광주 민주화 운동은 1980년 5월 8일에서 27일까지 전라남도 및 광주 시민들이 계엄령 철폐와 전두환 퇴진, 김대중 석방 등을 요구하며 벌인 민주화 운동이다.

20 ②

(가)는 김영삼 정부의 금융실명제를 나타낸다. 김영삼 정부 시기에 지방자치제를 전면 실시하였으며, '역사 바로 세우기'를 통해 전두환, 노태우 두 전직 대통령을 구속하였다. OECD에 가입하였으나, 이후 외환위기로 인해 IMF에 지원 요청을 하였다.
①은 김대중 정부, ③은 박정희 정부, ④는 노태우 정부의 시책이다.

1 ③

③ 외집단에서는 이질감을 가지거나 적대감 또는 적대적 행동까지 가지게 되는 경우로, 타인집단과 같은 의미이다. 내집단과 외집단은 미국의 사회학자 섬너(W.G. Summer)에 의한 분류이다.

2 ③

넛 크래커(nut-cracker)는 원래 호두를 양쪽에서 눌러 까는 호두까기 기계를 말하는데, 한 나라가 선진국에 비해서는 기술과 품질 경쟁에서, 후발 개발도상국에 비해서는 가격 경쟁에서 밀리는 현상을 지칭할 때 쓰인다.

3 ④

① 문화 사대주의 : 우리 문화보다 다른 문화가 무조건 더 좋은 것이라고 생각하여 자신들의 문화는 무시하고 업신여기는 태도
② 문화 상대주의 : 문화의 차이를 인정하고 각각의 장점과 단점을 인정하는 태도
③ 극단적 상대주의 : 보편적 가치를 무시한 채 모든 문화를 존중하고 인정하는 태도

4 ①

로크의 사상과 계몽사상의 영향을 받아 발생한 근대 시민혁명은 세습전제군주를 타파하여 국가로부터 자율성을 획득하려는데 그 의미가 있었다. 이러한 시민혁명의 결과 법치주의 확립, 국민주권시대가 열리게 되었고 이것은 개인주의와 자유주의의 확산에도 영향을 미쳤다.

5 ①

① 국제노동기구(ILO)에서는 사회보장의 내용을 사회보험과 공공부조로 보고 있는 것에 비해, 우리나라와 일본에서는 사회보험, 공공부조, 사회복지서비스로 구분하여 보고 있다.

② 공공부조는 보험료의 부담능력이 없는 생활 무능력자를 대상으로 한다.
③ 사회보험은 강제가입, 능력별 부담, 근로의욕 고취 등의 특징을 보인다.
④ 사회보험은 피보험자나 기업주 또는 국가에서 비용을 부담하고, 공공부조는 전액 국가에서 부담한다.

6 ③

① 문화는 새로운 지식이 축적됨으로써 다음 세대로 지속된다.
② 문화는 고정불변의 것이 아니며 변화한다.
④ 사회의 각 영역은 상호유기적인 연관을 맺으면서 전체를 이루고 있다.

7 ④

유동성 함정 … 시장에 현금이 흘러 넘쳐 구하기 쉬운데도 기업의 생산, 투자와 가계의 소비가 늘지 않아 경기가 나아지지 않고 마치 경제가 함정(trap)에 빠진 것처럼 보이는 상태를 말한다. 1930년대 미국 대공황을 직접 목도한 저명한 경제학자 존 메이나드 케인즈(John Maynard Keynes)가 아무리 금리를 낮추고 돈을 풀어도 경제주체들이 돈을 움켜쥐고 내놓지 않아 경기가 살아나지 않는 현상을 돈이 함정에 빠진 것과 같다고 해 유동성 함정이라 명명했다.

8 ②

뱅크 런(Bank run) … 예금주들이 은행에 맡긴 돈을 제대로 받을 수 없을지도 모른다는 공포감에서 발생하는 예금주들의 예금인출사태를 말한다. 이러한 예금자들의 불안감을 해소하기 위해 금융당국은 은행이 예금지급불능사태가 되더라도 일정규모의 예금은 금융당국이 보호해주는 예금보험제도를 시행하고 있다.

9 ④

중수소(D 또는 2H)와 삼중수소(T 또는 3H)의 가벼운 원소가 핵융합 현상을 일으킨다.

10 ③

물체에 작용하는 힘의 크기가 일정할 때, 가속도의 크기는 물체의 질량에 반비례한다. 가속도가 $\frac{1}{2}$배 증가하였으므로 질량은 2배 증가한다. 따라서 수레의 무게는 $3 \times 2 = 6kg$가 된다.

11 ②

② 표면연소는 고체표면에 부착된 산소분자를 산소공급원으로 하여 열분해에 의한 가연성 가스를 발생하지 않고 그 자체가 연소하는 형태이다. 발염을 동반하지 않아 무염연소라고도 한다.

12 ①

㉠ 인화점(Flash Point) : 불꽃에 의하여 불이 붙는 가장 낮은 온도

㉡ 발화점(Ignition Point) : 점화원 없이 스스로 발화되는 최저온도

㉢ 연소점(Fire Point) : 점화원을 제거하여 지속적으로 발화되는 온도(보통 인화점보다 약 5~10℃ 높다)

13 ③

③ 분말등과 함께 사용할 경우 700~800%의 소화효과가 증대한다.

① 화학포에 대한 설명이다.

② 단백포는 동·식물의 단백질 가수분해 생성물을 기제로 하여 부패하기 쉽다.

④ 천연단백질 분해물계와 계면활성제계로 구분된다.

14 ④

소방경 이하의 국가소방공무원은 소방청장이 임용한다〈「소방공무원법」 제6조 제2항〉.

15 ③

행정안전부장관은 평가 결과를 중앙위원회(중앙안전관리위원회)에 종합 보고한다〈「재난 및 안전관리 기본법」 제33조의2 제4항〉.

16 ④

④ 훈계는 징계의 종류에 해당되지 않는다.

※ **징계의 종류**〈「소방공무원 징계령」 제1조의2〉

　㉠ **중징계** : 파면, 해임, 강등, 정직

　㉡ **경징계** : 감봉, 견책

17 ②

중앙통제단의 단장은 소방청장이 된다〈「재난 및 안전관리 기본법」 제49조 제2항〉.

18 ②

국무총리는 대통령령으로 정하는 바에 따라 국가의 재난 및 안전관리업무에 관한 기본계획의 수립지침을 작성하여 관계 중앙행정기관의 장에게 통보하여야 한다〈「재난 및 안전관리 기본법」 제22조 제1항〉.

19 ④

소방본부장, 소방서장 또는 소방대장은 화재, 재난·재해, 그 밖의 위급한 상황이 발생한 현장에서 소방활동을 위하여 필요할 때에는 그 관할구역에 사는 사람 또는 그 현장에 있는 사람으로 하여금 사람을 구출하는 일 또는 불을 끄거나 불이 번지지 아니하도록 하는 일을 하게 할 수 있다. 이 경우 소방본부장, 소방서장 또는 소방대장은 소방활동에 필요한 보호장구를 지급하는 등 안전을 위한 조치를 하여야 한다〈「소방기본법」 제24조(소방활동 종사 명령)〉.

20 ②

위험물 … 인화성 또는 발화성 등의 성질을 가지는 것으로서 대통령령이 정하는 물품을 말한다〈「위험물안전관리법」 제2조 제1항 제1호〉.

제2회 정답 및 해설

✍ 국어

1 ③

① 운영이 자신의 이야기를 회상하는 방식으로 이야기가 전개되고 있다.

② 궁녀 신분인 운영은 궁 밖의 사람인 김 진사와 쉽게 만날 수 없어 더욱 그 마음이 애절하게 표현되고 있다.

④ 운영전은 어느 봄날, 시인 유영이 안평대군의 수성궁에 들어가 술에 취해 잠이 들어 꿈 속에서 운영과 김 진사를 만나고 운영에게서 두 사람의 사랑 이야기를 듣게 되는 액자소설이다.

2 ①

① **입신양명** : 사회적(社會的)으로 인정(認定)을 받고 출세(出世)하여 이름을 세상(世上)에 드날림

② **사필귀정** : 처음에는 시비(是非) 곡직(曲直)을 가리지 못하여 그릇되더라도 모든 일은 결국에 가서는 반드시 정리(正理)로 돌아감

③ **흥진비래** : 즐거운 일이 지나가면 슬픈 일이 닥쳐온다는 뜻

④ **백년해로** : 부부(夫婦)가 서로 사이좋고 화락(和樂)하게 같이 늙음을 이르는 말

3 ①

① **피가 켕기다** : 핏줄이 이어진 골육 사이에 남다른 친화력이 있다.

② **피를 부르다** : 사람들을 다치게 하거나 죽게 하다.

③ **피를 말리다** : 몹시 괴롭히거나 애가 타게 만들다.

④ **피를 빨다** : 재산이나 노동력 따위를 착취하다.

4 ③

③ (가)에서 화자는 시대 현실과 괴리된 삶을 사는 자신에 대한 회의와 무력감을 느끼고 자기 성찰을 통해 부끄러움을 느낀다. 시의 9연을 통해 화자가 자기 성찰 후 어둠을 내몰고 아침을 기다린다고 말하는 것은 내적 변화를 암시하며 마지막 연에서 현실 극복 의지를 보인다.

5 ③

㉠ **육첩방** : 억눌리고 암담한 공간으로 화자의 현실 상황을 말해준다.

㉡ **어둠** : 어두운 현실 인식

㉢ **북방** : 우리 민족이 유랑을 하던 만주로 수평적 공간의 극한 지점

㉣ **강철로 된 무지개** : 혹독한 현실에서 이를 극복하려는 의지

6 ③

③ 제24항의 조항에 따라 피동, 사동의 접미사 '-기-'는 된소리로 발음하지 않으므로 감기다는 [감기다]로 발음한다.

7 ④

④ 설명하거나 증명하기 위하여 사실을 가져다 대다.

① 빛, 볕, 물 따위가 안으로 들어오다.

② 다른 사람의 말이나 소리에 스스로 귀 기울이다.

③ 아래에 있는 것을 위로 올리다.

8 ③

농촌에서 흔히 볼 수 있는 쓸모없는 것들을 열거하여 나타냈으며 이들은 모닥불의 근원이 된다. 이는 쓸모없는 것들이 합쳐져 화합과 융합의 이미지를 만들어 냄을 나타낸다.

9 ③

③ 2연에 나타난 모닥불을 쬐는 사람들은 직업도 나이도 상황도 다양한 사람으로 모닥불 앞에서는 사람들과 동물들 모두가 평등한 존재로 나타나므로 ③은 옳지 않다.

② '개니빠디'는 '이빨'의 평안·함북 지역의 방언이다.

10 ③

주어진 글은 주장하는 글로 글쓴이의 일생을 담은 글이 아니므로 ③은 옳지 않다.

11 ②

위 글을 보면 냉장고는 많은 음식을 저장할 수 있어 남은 음식은 나누지 않고 냉장고에 보관하게 되고 결국 그 음식들을 버리게 되었다고 말한다. 그러므로 빈칸에 들어갈 말은 ②가 적절하다.

12 ③

③ 주어진 보기에서 '상하다'는 '근심, 슬픔, 노여움 따위로 마음이 언짢아지다.'의 의미를 가진다.

㉠ 쓰다 : 어떤 일을 하는 데에 재료나 도구, 수단을 이용하다.

㉡ 인정 : 남을 동정하는 따뜻한 마음.

㉢ 상하다 : 음식이 변하거나 썩어서 먹을 수 없게 되다.

㉣ 늘어나다 : 부피나 분량 따위가 본디보다 커지거나 길어지거나 많아지다.

13 ②

〈보기〉에서 제시된 단어는 순우리말로 된 합성어('깨+묵', '아래+마을', '터+마당', '메+나물')로서 앞말이 모음으로 끝나고 뒷말의 첫소리 'ㄴ, ㅁ' 앞에서 'ㄴ' 소리가 덧나는 것에 대한 예시이다.

14 ④

① 부르주아, 비스킷, 심포지엄

② 스펀지, 콘셉트, 소파

③ 앙코르, 팸플릿, 플래카드

15 ②

② 거미가 실을 뽑아내는 부위에 대한 설명이 없으므로 ②는 알 수 없다.

16 ②

제시된 글은 거미가 거미줄을 만드는 과정을 순서대로 설명하고 있으므로 '과정'에 대한 설명인 ②가 가장 적절하다.

17 ③

제시된 글은 전지적 작가 시점으로 ③의 설명이 가장 적절하다.

① 1인칭 관찰자 시점

② 1인칭 주인공 시점

④ 작가 관찰자 시점

18 ②

② 두 번째 문단에서 부조화를 감소시키는 행동은 실제적인 해결책을 찾지 못하도록 할 수 있기 때문에 비합리적인 면이 있다는 의견을 제시하고 있다.

19 ④

인지부조화 이론에 따르면, 사람들은 현명한 사람을 자기 편, 우매한 사람을 다른 편이라 생각할 때 마음이 편안해질 것이라고 했으므로 참여자들은 자신의 의견에 동의하는 논리적인 글과 반대편의 의견에 동의하는 터무니없고 억지스러운 글을 기억할 것이다.

20 ①

① ⓐ는 앞의 '인지부조화'와 관련된 내용을 이어가면서 '인지부조화'의 부정적인 내용이 뒤이어 나오고 있다. 따라서 화제를 앞의 내용과 관련시키면서 다른 방향으로 이끌어 나갈 때 쓰는 접속 부사인 '그런데'가 오는 것이 가장 적절하다.

1 ②

널무덤과 독무덤은 철기 시대의 대표적인 무덤 양식이다.

①③은 청동기 시대, ④는 신석기 시대에 대한 설명이다.

2 ①

제시된 자료는 옥저의 가족 공동 무덤(골장제) 풍습에 대한 것이다. 옥저는 읍군, 삼로 등의 군장이 다스리는 군장 국가였으며 중앙집권국가로 발전하지 못하고 고구려 태조왕 때에 고구려에 복속되었다.

3 ③

법흥왕 때 골품제도가 체계적으로 정비(법제화)되었다. 율령을 반포(골품 정비)하고, 관등(17관등)을 정비했으며, 공복(자색·비색·청색·황색)이 제정되었다.

4 ②

통일신라 시대 승려인 '의상'은 해동 화엄종의 시조이며, 그의 '일즉다 다즉일(一即多多即一)' 사상은 우주만물을 하나로 귀결시키려는 사상이다. 이를 통해 왕을 중심으로 하는 중앙집권체제를 옹호하는 데 기여하였다.

5 ③

신문왕 시기에 대한 글이다. 신문왕은 군사 기구로 9서당(민족 융합 노력)과 10정을 정비하였다.

①②는 문무왕 때의 일이다.

④ 신문왕 때 폐지되었던 녹읍(수조권+노동력 징발권)은 이후 경덕왕 때 부활되었다.

6 ④

㈎는 '권문세족'이다. 권문세족은 무신 정변 이후 원나라를 배경으로 하여 지배층으로 등장하였다.

①②는 문벌귀족, ③은 신진사대부에 대한 설명이다.

7 ③

고려 성종 때 거란이 침략(1차)하자 서희가 외교 담판(고구려 계승의식 강조)으로 강동 6주를 획득하였다.

8 ②

지눌은 돈오점수·정혜쌍수를 제창하여 참선(선종)과 지혜(교종)를 함께 수행하는 것을 강조하며 조계종 중심의 선·교 통합운동을 하였다. 또 수선사 결사운동을 제창하며 승려 본연의 자세로 돌아가 경과 선을 수행하고 노동에 고루 힘쓰자는 개혁운동에 앞장섰다.

9 ③

도병마사와 식목도감은 왕권을 견제하는 고려 귀족 정치의 특징을 보여주는 회의 기구이다.

중서문하성의 재신(2품 이상, 백관 통솔, 국정 논의)과 중추원의 추밀(2품 이상, 군사 기밀과 군국 기무 담당)로 이루어졌다. 도병마사는 서·도북의 병마사를 파견하고 국방을 논의했으며, 식목도감(임시 기구)은 법·격식을 담당하고 법제의 세칙을 제정하였다.

10 ③

망이·망소이의 난은 고려 무신정권 시기에 일어난 봉기이다.

① 고려 초기 성종은 최승로의 시무 28조를 수용하여 유교정치를 바탕으로 통치체제를 정비하였다.

② 무신정권 이전 고려 중기 인종 때 묘청은 금에 대한 사대주의 외교정책을 반대하며 금국정벌론을 주장하였다.

④ 몽고와의 강화 이후 원 간섭기에 등장한 권문세족에 대한 설명이다.

11 ②

제시문에서 설명하고 있는 인물은 '조광조'이다. 조광조는 사림파로, 훈구파를 견제하기 위해 위훈삭제(중종반정 때 공을 세운 정국공신 중 자격이 없다고 평가된 사람들의 공신호를 박탈하고 토지와 노비를 환수한 사건)를 추진하였다.

① 조광조는 기묘사화로 인하여 사사되었다.

③ 계유정난(세조가 왕위를 빼앗기 위해 일으킨 사건) 이후 훈구파들이 공신의 작위를 받았다.

④ 조선 후기 실학자 정약용이 「경세유표」를 집필하였다.

12 ②

제시문은 광해군과 관련된 세력인 '북인'에 대한 설명이다.

① 예송논쟁을 통해 서인과 대립한 세력은 남인이다.

③ 서인이 숙종 때 환국을 통해 정치권력을 독점하였다.

④ 영조의 탕평정치 기간에 소론의 입장이 약화되고 노론이 정국을 주도하게 되었다.

13 ①

105인 사건은 1907년 결성된 비밀결사 계몽단체인 '신민회'와 관련된 사건이다. 신민회는 오산학교, 대성학교 등을 세우는 등 교육구국운동에 앞장섰으며, 계몽 강연 등 서적·출판 운동을 하였고 독립군 양성에 힘썼다.

14 ④

제시문은 「연암집」의 내용 중 일부로, 조선 후기에 상품의 매점매석을 통해 이윤의 극대화를 노리던 상인이나 상인조직인 '도고'를 나타내고 있다.

④ 조선 후기에 상인이 수공업자를 고용하여 미리 자금 원료를 받는 선대제 수공업이 성행하였다.

①② 조선 초기에 해당한다.

③ 광해군 때 대동법이 처음 시행되었다.

15 ②

1905년에 체결된 '제1차 한일협약'에 대한 내용이다. 그 핵심내용은 '고문정치'로, 일본의 추천으로 고문을 두어 대한제국의 내정을 관리, 통제하도록 하였다. 재정고문이었던 일본의 메가타는 화폐정리사업을 하였고, 외교고문이었던 스티븐슨은 일본의 대한 정책을 국제적으로 홍보하였다.

16 ①

제시된 자료는 1920년대 물산장려운동에 대한 내용이다. 1920년 조선물산장려회는 민족의 산업을 발전시키고, 민족 자본을 육성하여 경제적 자립을 이루고자 하였다. 이를 위해 '우리가 만든 것, 우리가 쓰자.'는 구호와 함께 자급자족, 국산품 애용, 소비 절약 등을 내세웠다.

① 일제는 독립운동을 탄압하기 위하여 1925년 치안유지법을 제정하였다.

②③④는 1930년대의 상황이다.

17 ①

광무개혁에 대한 내용을 고르는 문제이다. 근대적 토지소유권 확립 및 각종 개혁에 필요한 재정을 지세로 확보하기 위해 양지아문을 설치하고 지계를 발급하였다.

② 광무개혁은 자주독립과 황제의 전제권 강화를 표방하였다.

③ 토지조사사업은 일제가 1910년대 시행한 정책이다.

④ 초기 개화정책(1880년대)에서 구식 군대를 5군영에서 2영으로 개편하였다.

18 ③

오페르트는 독일 상인이며, 부들러는 조선 주재 독일 부영사였다. 우리나라 광부와 간호사는 1960년대에 독일에 파견되었다.

19 ②

㈎ 위원회는 '반민족특별조사위원회'이다. 이승만 정권은 정부와 경찰 요직에 자리 잡은 친일파 처벌에 소극적이었다.

① 좌우합작위원회에 대한 설명이다.

③ 제헌국회에서 1948년 반민족행위처벌법을 제정하고 공포하였다.

④ 미 군정청은 일제의 식민통치기구에서 일하던 관리와 경찰을 그대로 등용하여 친일세력이 다시 득세할 기회를 제공하였다.

20 ①

㈎는 '노태우 정부'이다. 남북한 유엔 동시 가입 신청은 노태우 정부 때 안전보장이사회에서 만장일치로 채택되었다.

②는 김대중 정부, ③④는 김영삼 정부 때의 일이다.

1 ②
㉠ 1997년
㉡ 2016년
㉢ 2010~2011년
㉣ 2008년

2 ②
② 공적연금제도는 재정조달 방식이 부과방식일 경우 현재의 노령세대는 근로세대로부터, 현재의 근로세대는 미래세대로부터 소득이 재분배되기 때문에 세대 간 재분배라고 볼 수 있다.

3 ④
베블렌 효과 … 허영심에 의해 수요가 발생하는 것으로서 가격이 상승한 소비재의 수요가 오히려 증가하는 현상
① **전시효과** : 개인의 소비행동이 사회의 소비수준의 영향을 받아 타인의 소비행동을 모방하는 현상
② **립스틱 효과** : 경기불황일 때 저가임에도 소비자를 만족시켜줄 수 있는 상품이 잘 판매되는 현상
③ **리카도 효과** : 소비재 가격의 상승에 의한 실질임금률의 저하에 따라 기계가 노동에 의해 대체되는 현상

4 ④
라가치상(Ragazzi Award) … 볼로냐아동도서전 기간에 픽션·논픽션·뉴 호라이즌·오페라 프리마 등 4개 부문으로 나눠 책 내용은 물론, 디자인·편집·장정의 수준과 창의성, 교육적·예술적 가치를 평가대상으로 삼아 뛰어난 작품을 낸 작가와 출판사를 선정하여 각 부문에서 대상과 우수상을 수상한다.
① **카스테로상** : 이탈리아에서 1950년 제정한 아동문학상
② **국제안데르센상** : 아동문학의 발전과 향상을 위해 창설된 상으로 격년제로 시상되는 국제적인 아동문학상
③ **케이토 그리너웨이상** : 영국도서관협회에서 제정한 아동문학상

5 ③
① bluetooth : 각각의 휴대폰끼리 또는 휴대폰과 PC끼리 사진 등의 파일을 전송하는 무선 전송기술
② P2P : 인터넷상에서 개인과 개인이 직접 연결되어 파일을 공유하는 것으로 'Peer to Peer'의 약자
④ UCC : 사용자가 직접 제작한 콘텐츠를 온라인상에 제공하는 것으로 'User Created Contents'의 약자

6 ①
제시된 단체들은 1910년대에 활동한 비밀결사조직이다.
② 1930년대
③④ 1920년대

7 ①
메소포타미아 문명은 티그리스·유프라테스강 유역의 메소포타미아에 번영한 고대문명을 말한다. '비옥한 초승달 지대'의 중심부에 해당하는 이 지역에는 BC 6500년경부터 농경·목축이 시작되었으며 수메르, 바빌로니아, 아시리아 등의 도시문명이 발달하였다.

8 ④
생활임금제는 근로자들의 주거비, 교육비, 문화비 등을 종합적으로 고려해 최소한의 인간다운 삶을 유지할 수 있을 정도의 임금수준으로 노동자들의 생계를 실제로 보장하려는 정책적 대안을 의미한다.

9 ①
비타민의 특성
㉠ 체내에서 합성되지 않으므로 반드시 섭취해야한다.
㉡ 적은 양을 필요로 하나 부족한 경우 결핍증이 나타난다.
㉢ 건강유지에 꼭 필요한 유기화합물이다.

10 ④
운동량=물체의 질량×속도=$10kg \times 2m/s = 20kg \cdot m/s$

11 ③

유류에 물을 방수할 경우 연소면적이 확산되어 부적합하며 질식소화 또는 냉각소화법이 효과적이다.

12 ②

② PVC 등의 염소가 함유된 수지류가 연소할 때 주로 발생하며 피부, 눈의 결막, 목구멍과 기관지의 점막 등에 자극을 주고 폐혈관계 손상을 일으킨다.

① 이산화탄소 : 화재 시 호흡속도를 매우 빠르게 하여 독성가스를 더 많이 흡입하게 한다.

③ 시안화수소 : 청산가스라고도 하며 무색의 자극성으로 신경계통에 영향을 준다.

④ 황화수소 : 고무, 털 등의 물질이 불완전 연소할 때 발생하며 후각이 마비된다.

13 ③

착화점 … 가연물이 점화원 없이 자체 축적된 열만 가지고 스스로 연소가 시작되는 최저의 온도를 말하며, 보편적으로 인화점보다 수백℃ 높은 온도이다. 목재의 발화온도는 410~450℃이며, 황린은 34℃이다.

③ 분자구조가 복잡하고, 발열량이 높을수록 착화점이 낮다.

14 ③

「위험물안전관리법 시행령」 별표 1 참고

① 브롬산염류 – 제1류 위험물 산화성고체 – 300킬로그램

② 유황 – 제2류 위험물 가연성고체 – 100킬로그램

③ 알칼리토금속 – 제3류 위험물 자연발화성물질 및 금수성물질 – 50킬로그램

④ 과염소산 – 제6류 위험물 산화성액체 – 300킬로그램

15 ④

시 · 도지사는 소방활동에 필요한 소화전 · 급수탑 · 저수조를 설치하고 유지 · 관리하여야 한다. 다만, <u>「수도법」 제45조에 따라 소화전을 설치하는 일반수도사업자는 관할 소방서장과 사전협의를 거친 후 소화전을 설치하여야 하며, 설치 사실을 관할 소방서장에게 통지하고, 그 소화전을 유지 · 관리하여야 한다</u>〈「소방기본법」 제10조 제1항〉.

16 ①

① 비상조명등은 피난구조설비를 구성하는 제품 또는 기기에 해당한다.

※ **경보설비를 구성하는 제품 또는 기기**〈「화재예방, 소방시설 설치 · 유지 및 안전관리에 관한 법률 시행령」 별표 3 참고〉

가. <u>누전경보기</u> 및 가스누설경보기

나. 경보설비를 구성하는 <u>발신기</u>, 수신기, 중계기, <u>감지기</u> 및 음향장치(경종만 해당)

17 ④

"긴급구조기관"이란 소방청 · 소방본부 및 소방서를 말한다. 다만, 해양에서 발생한 재난의 경우에는 해양경찰청 · 지방해양경찰청 및 해양경찰서를 말한다〈「재난 및 안전관리 기본법」 제3조〉.

18 ③

재외공관의 장은 관할 구역에서 해외재난이 발생하거나 발생할 우려가 있으면 즉시 그 상황을 외교부장관에게 보고하여야 한다〈「재난 및 안전관리 기본법」 제21조〉.

19 ③

벌칙〈「소방기본법」 제50조〉…다음의 어느 하나에 해당하는 사람은 5년 이하의 징역 또는 5천만 원 이하의 벌금에 처한다.

1. 다음의 어느 하나에 해당하는 행위를 한 사람

가. 위력(威力)을 사용하여 출동한 소방대의 화재진압 · 인명구조 또는 구급활동을 방해하는 행위

나. 소방대가 화재진압 · 인명구조 또는 구급활동을 위하여 현장에 출동하거나 현장에 출입하는 것을 고의로 방해하는 행위

다. 출동한 소방대원에게 폭행 또는 협박을 행사하여 화재진압 · 인명구조 또는 구급활동을 방해하는 행위

라. 출동한 소방대의 소방장비를 파손하거나 그 효용을 해하여 화재진압 · 인명구조 또는 구급활동을 방해하는 행위

2. 소방자동차의 출동을 방해한 사람

3. 사람을 구출하는 일 또는 불을 끄거나 불이 번지지 아니하도록 하는 일을 방해한 사람

4. 정당한 사유 없이 소방용수시설 또는 비상소화장치를 사용하거나 소방용수시설 또는 비상소화장치의 효용을 해치거나 그 정당한 사용을 방해한 사람

20 ①
소화활동설비〈「화재예방, 소방시설 설치·유지 및 안전관리에 관한 법률 시행령」 별표 1 참고〉…화재를 진압하거나 인명구조활동을 위하여 사용하는 설비로서 다음의 것
가. 제연설비
나. 연결송수관설비
다. 연결살수설비
라. 비상콘센트설비
마. 무선통신보조설비
바. 연소방지설비

제3회 정답 및 해설

✎ 국어

1 ④

④ 수입 원자재에 대한 과세를 강화할 경우 원자재 가격이 더욱 상승하여 상품의 가격이 상승하게 되고 수출이 점점 둔화되는 악순환을 가져올 수 있다.

2 ③

제시된 글에서 파악한 문제점인 수출 둔화와 내수 부진으로 인한 소비 위축을 개선할 수 있는 정책을 시행하는 것으로 결론짓는 것이 적절하다.

3 ①

화자는 가난의 현실에서 외로움, 두려움을 느끼며 자신의 소중히 여기는 것들을 모두 버려야하는 삶을 이야기하고 있으나 자신의 현실에 저항하고 있다고 볼 수는 없다.

4 ③

③ 시의 화자는 어머니를 그리워하며 집의 모습을 그려보는 것으로 까치밥이 하나 남은 것을 안타까워하는 것으로 보기는 어렵다.

5 ①

화자는 과학적 이론이나 가설을 검사하는 과정에서 일상적 언어가 사용될 수 밖에 없다고 말한다. 매우 불명료하고 엄밀하게 정의될 수 없는 용어들이 포함된 발룽엔은 명확한 규정이 어렵다고 말하며 이를 염두에 두면 '과학적 가설과 증거의 논리적 관계를 정확하게 판단할 수 있다는 생각은 잘못된 것이다.'라고 결론지을 수 있으므로 ①이 가장 적절하다.

6 ①

첫 번째 빈칸은 '물리학적 언어만을 과학의 언어'라고 말하는 통념을 제시하는 문장 뒤에서 '과학적 이론에 일상적 언어도 사용된다'는 상반되는 내용을 제시하고 있다. 두 번째 빈칸도 논리실증주의자들의 통념이 제시된 문장 뒤에 위치하고 뒤이어 이를 반박하는 내용이 나오고 있으므로 앞의 내용과 뒤의 내용이 상반될 때 쓰는 '그러나'가 적절하다.

7 ④

통사적 합성어 : 가려내다, 큰집, 굳은살, 큰일, 그만두다
비통사적 합성어 : 덮밥, 접칼, 산들바람, 보슬비, 물렁뼈, 날뛰다, 얕보다.

8 ③

③ 화자가 밤마다 거울을 닦는 행위는 현재의 암담한 상황을 극복하고 맞이하게 될 미래를 위한 준비로 볼 수 있다.

9 ④

㉠의 거울은 자아 성찰의 매개체로 치욕적인 역사 속에서 소극적으로 살아온 화자의 모습을 상징한다.
㉡의 거울은 거울 밖의 나와 거울 속의 나를 만나 볼 수 있게 해주는 매개체이면서 악수를 불가능하게 하는 단절의 매개체이다.

10 ②

'거울 속의 나'는 본질적 자아, 내면적 자아를 의미하며 '거울 밖의 나'는 현실적 자아, 주체적 자아를 의미한다.

11 ②

두 번째 단락에서 '우월성 추구'의 개념을 밝히고 이어지는 단락에서 '우월성 추구'의 특징을 설명하고 있으므로 ②가 가장 적절하다.

12 ④

① 우월성 추구는 정상인과 비정상인에게 공통적으로 존재한다.

② 추구의 목표는 긍정적 또는 부정적 방향이 있다. 긍정적 방향은 개인의 우월성을 넘어서 사회적 관심, 즉 타인의 복지를 추구하며, 건강한 성격이다. 부정적 방향은 개인적 우월성, 즉 이기적 목표만을 추구하며, 이를 신경증적 증상으로 본다.

③ 우월성의 추구는 많은 힘과 노력을 소모하는 것이므로 긴장이 해소되기보다는 오히려 증가한다.

13 ②

① 넉넉치 않은 → 넉넉지 않은

③ 들어나자 → 드러나자

④ 것이요 → 것이오

14 ②

② 차다 : 몸에 닿은 물체나 대기의 온도가 낮다.

①③④ 차다 : 일정한 공간에 사람, 사물, 냄새 따위가 더 들어갈 수 없이 가득하게 되다.

15 ①

제시된 글에서 '나'는 김 일병에게 향했을 것으로 보이는 총소리를 듣고 자책과 고뇌를 거듭하는 것으로 보아 생명의 소중함을 저버리지 않았으나 관모의 행위를 적극적으로 저지하지 못하는 것으로 보아 소극적인 성격인 것으로 보인다.

16 ④

④ 동굴을 들락날락하고 있는 '나'의 모습에서 초조하고 불안한 마음을 볼 수 있으므로 '마음이 불안하거나 걱정스러워서 한군데에 가만히 앉아 있지 못하고 안절부절못하는 모양을 이르는 말인 좌불안석이 가장 적절하다.

① **독야청청** : 남들이 모두 절개를 꺾는 상황 속에서도 홀로 절개를 굳세게 지키고 있음

② **역지사지** : 처지를 바꾸어서 생각하여 봄

③ **일희일비** : 한편으로는 기뻐하고 한편으로는 슬퍼함. 또는 기쁨과 슬픔이 번갈아 일어남

17 ②

제시된 글을 보면 서술자가 전지적 시점에서 홍 판서와 길동의 속마음까지 모두 서술하고 있는 전지적 작가 시점임을 알 수 있다.

① 3인칭 관찰자 시점

③ 1인칭 관찰자 시점

④ 1인칭 주인공 시점

18 ②

입신양명이란 사회적으로 인정을 받고 출세하여 이름을 세상에 드날리는 것을 최우선으로 하는 성리학의 사상으로 ㉠은 길동이 출세를 할 수 없는 자신의 처지를 한탄하며 하는 말이다.

19 ②

② 체언 뒤에 붙어 '그와 같이'라는 뜻을 나타내는 경우에는 조사이므로 붙여 쓴다.

① 어미 '-ㄴ지'의 일부이므로 붙여 쓴다. 다만 '지'가 시간의 경과를 나타내는 경우에는 의존 명사이므로 띄어 쓴다.

③ 용언의 관형사형 뒤에 나타날 경우에는 의존 명사이므로 띄어 쓴다.

④ '대로'가 체언 뒤에 붙어 '그와 같이'라는 뜻을 나타내는 경우에는 조사이므로 붙여 쓴다.

20 ③

③ '웃음'은 부사어 '작게'의 수식을 받고, '진행자가 웃다'와 같이 서술성이 있으므로 동사의 어간에 명사형 어미가 결합한 구성이다.

① '삶'은 '고단한'의 수식을 받고 서술성이 없으므로 파생명사이다.

② '잠'은 '깊은'의 수식을 받고 서술성이 없으므로 파생명사이다.

④ '얼음'은 서술성이 없으므로 파생명사이다.

✎ 국사

1 ②

비파형동검과 미송리식 토기는 청동기 시대 유물이다. 가락바퀴와 뼈바늘을 이용한 원시수공업은 신석기 시대부터 이루어졌다.

① 간석기는 신석기 시대부터 사용되었으나, 반달돌칼(추수 도구)은 대표적인 청동기 유물이다.

③ 청동기 시대에 농경의 발달로 잉여생산물이 생기며 사유재산 제도와 계급이 발생하였다.

④ 신석기 시대의 움집은 주로 강가나 바닷가에 지어졌으나, 청동기 시대 움집은 지상가옥화 되기 시작했으며 배산임수의 구릉지대에 위치했다.

2 ③

삼한의 천군(종교지배자)이 다스리는 지역(소도)에 대한 설명이다.

③ 민며느리제는 옥저의 풍습이다.

3 ①

자료는 가야의 토기이다. 가야 연맹은 6세기 중반 금관가야와 대가야 모두 차례로 신라에 병합되었다.

②는 신라 지증왕, ③은 고구려 광개토대왕, ④는 백제 근초고왕 시대에 대한 설명이다.

4 ④

㈎는 고구려, ㈏는 백제, ㈐는 신라이다. 위 지도는 6세기 신라의 전성기(진흥왕)를 나타내고 있다. 진흥왕은 북한산비, 창녕비, 황초령비, 마운령비 등의 순수비를 건립하였다.

① 고구려는 5세기에 남북조와 외교를 맺고 남하정책을 추진하였다.

② 백제와 신라가 나제동맹을 체결한 때는 5세기이다.

③ 4세기에 신라의 김 씨 왕위 세습권이 확립되었다.

5 ③

초기 부여와 고구려에 대한 설명이다. 이 시기에는 각 부족의 족장세력이 자기 지역에서 지배력을 행사하면서 각기 관리를 거느리고 있었다.

①②④는 고대국가(중앙집권화)의 특징이다.

6 ②

제시문은 고려 말 '공민왕'에 대한 자료이다. 공민왕은 반원자주정책으로 몽고풍을 금지하고, 고려의 내정을 간섭하던 정동행성 이문소를 폐지하였으며, 요동지방을 공략하였다.

①은 조선 세조, ③은 고려 말 공양왕, ④는 고려 말 우왕 때의 일이다.

7 ②

해동통보와 활구는 고려 숙종 때 제작되었다.

① 조선 정조 때 육의전을 제외한 시전의 금난전권(한양 도성 안과 도성 밖 10리 내에서 난전의 활동을 규제)을 폐지하였다.

③ 당백전은 조선 흥선대원군 때 경복궁을 재건하기 위해 주조되었다.

④ 조선 광해군 때부터 실시한 대동법(경기)은 공인이 등장하는 계기가 되었다.

8 ①

제시된 사료는 김부식이 왕명을 받아 「삼국사기」를 편찬하면서 올린 글로, 「삼국사기」는 몽골 침략 이전인 고려 인종(1145년) 때에 편찬되었다.

②③ 일연의 삼국유사와 이승휴의 제왕운기는 몽골 침략 위기를 겪으며 우리 전통문화를 올바르게 이해하려는 움직임에서 편찬되었다.

④ 해동역사는 조선 후기의 실학자 한치윤이 찬술한 기전체의 한국통사이다.

9 ②

신진사대부는 무신집권기에 형성되기 시작하여 성리학을 받아들이며 사상적으로 단합하여 조직화되었다. 공민왕 때에는 대규모로 중앙정계에 진입하면서 권문세족에 대항하였다. 위화도 회군 이후 과전법을 실시하였고 조선 건국의 주도 세력이 되었다.

㈐ 공민왕 5년→㈏ 공민왕 16년→㈐ 우왕→㈎ 공양왕

10 ②

이자겸은 고려 중기 대표적인 문벌귀족이다. 이 당시 금나라가 고려에게 사대 관계를 요구해오자, 집권 세력이었던 이자겸은 자신의 권력을 유지하기 위해 이 요구를 받아들였다.

①은 권문세족, ③은 신진사대부, ④는 무신정권에 대한 설명이다.

11 ④

고부 농민 봉기 이후 ㈎ 시기에 농민군이 전주성을 점령하자 정부의 요청으로 청군이 파견되고 이에 톈진조약을 구실로 일본군도 파견되었다. 이에 동학농민군은 외국 군대 철수와 폐정개혁안을 조건으로 정부와 화친을 하였다.

① 조병갑의 수탈은 고부 농민 봉기의 원인으로, 고부 농민 봉기 이전의 사건이다.

② 우금치 전투 패배 후의 일이다.

③ 2차 봉기가 일어나게 된 계기로, 집강소 설치 이후의 일이다.

12 ①

제시문에 나타난 방납의 폐단을 막기 위해 대동법이 실시되었다.

② 균역법은 조선 영조 때 군역 부담을 경감한 제도이다.

③ 전분6등법(조선 세종)은 토지의 비옥도에 따라 세금을 거두는 토지제도이다.

④ 관수관급제(조선 성종)는 국가가 직접 토지를 관리하고, 관리에게는 녹봉을 지급한 제도이다.

13 ④

제시된 자료는 정도전의 「불씨잡변」이다. 정도전은 이성계를 도와 조선을 건국한 문신 겸 학자이다. 그는 「불씨잡변」을 통해 불교를 맹렬히 비판하였으며 성리학을 조선의 통치이념으로 확립하였다.

14 ②

1908년 개정된 신문지법은 외국인이 발행하는 신문에 대해서도 규제할 수 있도록 한 것으로, 영국인 베델이 발행한 대한매일신보를 탄압하기 위해 개정되었다.

15 ③

㈎는 사간원의 관원인 '간관', ㈏는 사헌부의 관원인 '대관'이다. 간관과 대관은 '대간'이라 불리며 관리의 비리를 김칠하고 인론 기능을 담당하여 조선시대 권력의 독점과 부정을 방지하는 데 중요한 역할을 수행하였다.

16 ①

사료는 유생의병장의 한계를 보여준 이인영에 대한 것이다. 정미의병은 이인영, 허위 등 유생 의병장의 주도로 13도 창의군을 결성하고 서울진공작전을 펼쳤다. 그러나 이인영은 부친상을 당하자 '불효는 불충'이라 하여 서울진공작전의 지휘를 포기하고 고향으로 내려갔다.

②④는 을사의병, ③은 을미의병에 대한 내용이다.

17 ④

토지조사사업은 1910년대, 치안유지법 제정은 1925년의 일이다. ㈎에는 이후 1930~1940년대의 일제 정책에 해당하는 내용이 들어가야 한다.

④ 헌병경찰제는 1910년대 일제가 헌병으로 하여금 군사업무뿐 아니라 일반 치안 유지를 위한 경찰업무도 담당하게 한 제도이다.

18 ②

제시된 자료는 '독립협회'에 대한 것이다. 신문 반포(독립신문), 의회원 설립 등에서 추론할 수 있다.

①은 보안회, ②는 국채보상기성회, ④는 신간회에 대한 내용이다.

19 ④

'우리나라 역사상 최초로 실시된 보통 선거'라고 하였으므로 1948년 5월 10일에 시행된 총선거임을 알 수 있다. 5 · 10 총선거로 구성된 국회인 제헌국회는 1948년 9월 반민족행위처벌법을 제정 · 공포하였다.

① 조선건국준비위원회는 광복 직후 결성되었다.

②③ 제1차 미 · 소 공동위원회가 결렬되면서 이승만은 정읍발언으로 단독정부수립을 주장하였다. 이후 제2차 미 · 소 공동위원회도 결렬되면서 미군정과 우익세력이 단독정부 수립을 지지하게 되고, 5 · 10 총선거가 시행되었다.

20 ①

제시문은 박종철 고문 사건이 촉발제가 되어 발생한 6월 민주 항쟁에 대한 자료이다. 6월 민주 항쟁을 통해 대통령 직선제 개헌을 이루어냈다.

③ 3선 개헌은 대통령의 3선 연임을 허용하는 것을 내용으로 하여 박정희 대통령이 장기 집권하는 기반이 되었다.

④ 4 · 19 혁명으로 인해 이승만 정권(자유당)이 물러나고 의원내각제를 중심으로 한 장면 내각이 등장하였다.

✎ **일반상식**

1 ④

① 부영양화 : 강 · 바다 · 호수 등의 영양물질이 많아져 조류가 급속히 증가하는 현상

② 푄 현상 : 높은 산을 넘어온 고온 건조한 바람이 부는 현상

③ 엘리뇨 현상 : 남미 에콰도르와 페루 북부 연안의 태평양 해면온도가 비정상적으로 상승하는 현상

2 ①

국민악파 음악가 … 그리그, 시벨리우스, 스메타나, 드보르작, 러시아 6인조(글린카, 보로딘, 퀴, 발라키레프, 무소르그스키, 림스키 코르사코프)

② 고전파 음악－모차르트의 교향곡 41번 '주피터교향곡', 베토벤 '제9교향곡', 하이든 교향곡 100번 '군대교향곡'

③ 표현주의 음악－쇤베르크, 베베른, 베르크 등

④ 인상주의 음악－라벨 '볼레로'

3 ①

Pax Sinica(팍스 시니카)

㉠ 중국의 지배에 의한 세계질서의 유지를 이르는 표현으로 팍스 로나마, 팍스 브리태니카, 팍스 아메리카나에 이어 등장하였다. 중국은 홍콩 · 마카오의 반환을 계기로 고속성장을 이루고 있으며, 동남아시아뿐만 아니라 전 세계 화교들의 경제력을 바탕으로 중국이 세계를 중화사상을 중심으로 개편하려고 할 것으로 보고 그 시기를 이르는 표현이다.

㉡ 과거 청대의 강희제부터 건륭제가 지배하던 130년 간의(1662~1795) 중국은 티베트, 내 · 외몽고까지 영토를 확장시켰다. 이렇게 넓은 영토, 평화와 번영이 지속된 시기를 팍스 시니카라고 칭하기도 한다.

4 ③

문화변동의 요인

㉠ 발명 : 새로운 문화요소를 만들어 내는 것이다.

㉡ 발견 : 이미 존재하고 있었지만 아직 알려지지 않은 문화적 요소를 찾아내는 것이다.

ⓒ **전파** : 문화요소가 다른 지역으로 확산되어 그 지역의 문화를 변동시키거나 정착되는 것이다.

5 ③

국악의 장단은 진양조 → 중모리 → 중중모리 → 자진모리 → 휘모리 순서로 빨라진다.

6 ④

문화 동화란 다른 사회와의 교류를 통해 한 사회의 문화가 완전히 사라지고 새로운 문화로 대체되는 것을 말한다.

①②③ 문화 융합의 사례이다.

7 ④

생산자 물가지수는 기업 간 중간거래액을 포함한 총 거래액을 모집단으로 하여 조사대상품목을 선정하였기 때문에 원재료, 중간재 및 최종재에 해당되는 품목이 혼재되어 있어 물가변동의 중복계상 가능성이 크다고 할 수 있다.

8 ①

㈎는 일부러 그만둔 것이라고 말하였으므로 자발적 실업의 개념을 포함하며 ㈏는 그동안 여자친구에게 들인 시간과 노력 등은 이미 헤어졌으니 다시 되돌릴 수 없는 매몰비용으로 생각하고 있다.

9 ②

① **쿨롱의 법칙** : 전하를 가진 두 물체 사이에 작용하는 힘의 크기는 두 전하의 곱에 비례하고 거리의 제곱에 반비례한다는 법칙이다.

③ **옴의 법칙** : 전류의 세기는 두 점 사이의 전위차에 비례하고, 전기저항에 반비례한다는 법칙이다.

④ **렌츠의 법칙** : 유도기전력과 유도전류는 자기장의 변화를 상쇄하려는 방향으로 발생한다는 전자기법칙이다.

10 ②

동형접합이란 특정 형질에 대해 같은 형태의 접합이다. 즉, 우성 + 우성유전자 혹은 열성 + 열성유전자의 접합을 의미한다. 따라서 보기에서 동형접합이 되는 경우는 AAbb(ⓛ)와 aaBB(ⓢ)이다.

11 ①

① 산소의 농도를 15% 이하로 낮추어서 소화하는 방법을 질식소화라 한다.

12 ④

인체에 치명적인 영향을 주는 순서…$NO_2 > SO_2 > H_2S > CO_2$

※ **이산화질소(NO_2)**

ⓐ 질소산화물 중 특히 위험하다.

ⓑ 수분이 있으면 질산을 생성하여 강철도 부식시킨다.

ⓒ 고농도의 경우 눈, 코, 목을 강하게 자극하여 기침, 인후통을 일으키고 현기증, 두통 등을 악화시킨다.

13 ①

이산화탄소의 소화설비 … 질식, 냉각, 피복작용의 효과가 있다.

※ **피복소화**

ⓐ 이산화탄소는 비중이 공기보다 약 1.52배 무겁기 때문에 연소물질을 덮어서 산소의 공급을 차단하는 소화작용을 한다.

ⓑ 피연소물질에도 구석구석 침투하여 화염의 접촉을 억제하기 때문에 피연소물질을 손상시키지 않는다.

14 ②

1인의 안전관리자를 중복하여 선임할 수 있는 저장소 〈「위험물안전관리법 시행규칙」 제56조〉

ⓐ 10개 이하의 옥내저장소

ⓑ 30개 이하의 옥외탱크저장소

ⓒ 옥내탱크저장소

② 지하탱크저장소

⑩ 간이탱크저장소

ⓗ 10개 이하의 옥외저장소

ⓢ 10개 이하의 암반탱크저장소

15 ①

벌칙〈「화재예방, 소방시설 설치·유지 및 안전관리에 관한 법률」제49조〉… 다음의 어느 하나에 해당하는 자는 1년 이하의 징역 또는 1천만 원 이하의 벌금에 처한다.

1. 관계인의 정당한 업무를 방해한 자, 조사·검사 업무를 수행하면서 알게 된 비밀을 제공 또는 누설하거나 목적 외의 용도로 사용한 자

2. 관리업의 등록증이나 등록수첩을 다른 자에게 빌려준 자

3. 영업정지처분을 받고 그 영업정지기간 중에 관리업의 업무를 한 자

4. 소방시설등에 대한 자체점검을 하지 아니하거나 관리업자등으로 하여금 정기적으로 점검하게 하지 아니한 자

5. 소방시설관리사증을 다른 자에게 빌려주거나 동시에 둘 이상의 업체에 취업한 사람

6. 제품검사에 합격하지 아니한 제품에 합격표시를 하거나 합격표시를 위조 또는 변조하여 사용한 자

7. 형식승인의 변경승인을 받지 아니한 자

8. 제품검사에 합격하지 아니한 소방용품에 성능인증을 받았다는 표시 또는 제품검사에 합격하였다는 표시를 하거나 성능인증을 받았다는 표시 또는 제품검사에 합격하였다는 표시를 위조 또는 변조하여 사용한 자

9. 성능인증의 변경인증을 받지 아니한 자

10. 우수품질인증을 받지 아니한 제품에 우수품질인증 표시를 하거나 우수품질인증 표시를 위조하거나 변조하여 사용한 자

16 ①

시·도지사, 소방본부장 또는 소방서장은 다음의 어느 하나에 해당하는 처분을 하고자 하는 경우에는 청문을 실시하여야 한다〈「위험물안전관리법」 제29조〉.

1. 제조소등 설치허가의 취소

2. 탱크시험자의 등록취소

17 ③

「재난 및 안전관리 기본법」 제52조 제2항(긴급구조 현장지휘)

1. 재난현장에서 인명의 탐색·구조

2. 긴급구조기관 및 긴급구조지원기관의 인력·장비의 배치와 운용

3. 추가 재난의 방지를 위한 응급조치

4. 긴급구조지원기관 및 자원봉사자 등에 대한 임무의 부여

5. 사상자의 응급처치 및 의료기관으로의 이송

6. 긴급구조에 필요한 물자의 관리

7. 현장접근 통제, 현장 주변의 교통정리, 그 밖에 긴급구조활동을 효율적으로 하기 위하여 필요한 사항

18 ①

「119구조·구급에 관한 법률 시행령」 제11조(구급대원의 자격기준)

구급대원은 소방공무원으로서 다음 각 호의 어느 하나에 해당하는 자격을 갖추어야 한다. 다만, 제4호에 해당하는 구급대원은 구급차 운전과 구급에 관한 보조업무만 할 수 있다.

1. 「의료법」에 따른 의료인

2. 「응급의료에 관한 법률」에 따라 1급 응급구조사 자격을 취득한 사람

3. 「응급의료에 관한 법률」에 따라 2급 응급구조사 자격을 취득한 사람

4. 소방청장이 실시하는 구급업무에 관한 교육을 받은 사람

19 ①

「위험물안전관리법 시행령」 별표1(위험물 및 지정수량)

유별	성질	품명	지정수량
제1류	산화성 고체	1. 아염소산염류	50킬로그램
		2. 염소산염류	50킬로그램
		3. 과염소산염류	50킬로그램
		4. 무기과산화물	50킬로그램
		5. 브롬산염류	300킬로그램
		6. 질산염류	300킬로그램
		7. 요오드산염류	300킬로그램
		8. 과망간산염류	1,000킬로그램
		9. 중크롬산염류	1,000킬로그램
		10. 그 밖에 행정안전부령으로 정하는 것 11. 제1호 내지 제10호의 1에 해당하는 어느 하나 이상을 함유한 것	50킬로그램, 300킬로그램 또는 1,000킬로그램

20 ②

「소방기본법 시행령」 제4조(화재경계지구의 관리) 제5항

시·도지사는 「소방기본법」 제13조 제6항에 따라 다음 사항을 행정안전부령으로 정하는 화재경계지구 관리대장에 작성하고 관리하여야 한다.

1. 화재경계지구의 지정 현황
2. 소방특별조사의 결과
3. 소방설비의 설치 명령 현황
4. 소방교육의 실시 현황
5. 소방훈련의 실시 현황
6. 그 밖에 화재예방 및 경계에 필요한 사항

의무소방원 선발 필기시험 기출문제

응시번호	
성 명	

【시험과목】

제1과목	제1과목	제1과목
국어	국사	일반상식

응시자 준수사항

☞ 시험지를 받으면 "시험 감독관"의 지시에 따라 다음 사항을 반드시 지켜주시기 바랍니다.

1. 시험지 표지의 "문제 책형"을 확인하고, "응시번호 및 성명"을 기재하여 주시기 바랍니다.

2. 답안지의 책형란에 "시험지 책형"을 표기하시기 바랍니다.

3. 시험이 시작되면 시험지의 "과목순서", "페이지 수량"을 반드시 확인한 이후에 문제풀이 바랍니다.

4. 시험이 시작되면 문제를 주의 깊게 읽은 후, 문항의 취지에 가장 적합한 하나의 정답만을 고르며, 문제내용에 관한 질문은 받지 않습니다.

SEOWONGAK
(주)서원각

✏️ **국어**

[1~2] 다음 글을 읽고 물음에 답하시오.

한 젊은 남성이 안경을 건네받고서 아들의 그림을 보고는 눈물을 흘린다. 남성은 "이렇게 다양한 색이 있는 줄 몰랐다."라며 멋진 그림이라고 감동을 전한다. 이것은 적록 색맹을 위해 색 보정 안경을 개발한 회사의 광고다. 많은 사람이 당연하게 누리는 색의 향연이 색각 이상자에게는 감동으로 다가간다. 온전히 색을 본다는 것은 인간에게 어떤 의미일까.

색에 대한 인식은 망막에 있는 원추 세포가 결정한다. 원추 세포는 약 700만 개인데 적색과 녹색, 청색 중 어떤 가시광선을 인식하는지에 따라 크게 세 종류로 나뉜다. 세 종류의 원추 세포는 마치삼원색처럼 색을 배합하고, 그 배합 비율에 따라 다양한 색을 인식한다. 원추 세포 한 종류는 100가지 정도의 농담 차이를 구별할 수 있으므로 원추 세포가 세 종류인 일반인은 100의 3제곱인 100만가지 색을 구별하는 셈이다.

인간이 눈으로 식별할 수 있는 색의 전부 또는 일부를 인식하지 못하거나 구분하지 못하는 것을 '색각 이상'이라고 한다. 색각 이상은 원추 세포에 이상이 있을 때 나타난다. 색을 식별하는 기능이 약하면 색약, 특정한 원추 세포가 없으면 색맹이라고 한다. 녹색을 인식하지 못하는 녹색맹, 적색과 녹색을 구분하지 못하는 적록 색맹이 대표적이다. 적색을 구분하지 못하는 적색맹과 청색원추 세포 이상으로 청색과 황색을 구분하지 못하는 청황 색맹도 있다. 적색과 녹색 원추 세포에 이상이 생겨 청색약(보라 색약)이 나타나는 때도 드물게 있다. 또 원추 세포 세 종류에 모두 문제가 발생해 색 자체를 인식하지 못하는 전(全) 색각이상도 있다.

색각 이상의 세상은 어떤 색일까? 녹색맹은 신호등에서 빨간불과 노란불을 거의 비슷하게 인식하고 녹색불은 흰색으로 인식한다. 적색맹은 빨간 불의 붉은색은 인식하지 못하지만 빨간불과 노란불, 초록불의 색이 다르다는 점은 인식한다. 전 색각 이상은 흑색과 백색, 회색을 본다.

[A] 색각 이상은 선천적이고 유전적인 경우가 많고, 동양인보다 서양인에게 많다. 우리나라에서는 남성의 약 6퍼센트, 여성의 약 0.4퍼센트가 색각 이상자로 추정된다. 남성 비율이 더 높은 까닭은 색을 인식하는 원추 세포 유전자가 엑스(X) 염색 체상에 존재하기 때문이다. 엑스 염색체는 성염색체인데, 여성은 엑스엑스(XX), 남성은 엑스와이(XY)다. 색맹은 열성 유전이기에 남성은 엑스염색체가 열성이면 색맹이 된다. 물론 후천성도 있다. 당뇨 망막증이나 황반 변성, 녹내장, 시신경유두 부종, 시신경염 등으로 색맹이 발생하기도 하는데 원인 질환이 치료되는 정도에 따라 증상이 호전되거나 악화된다.

1. 윗글에 나타난 쓰기 전략에 대한 설명으로 가장 적절한 것은?

① 광고 사례를 활용하여 글의 주제에 대한 독자의 흥미를 높이고 있다.

② 경어체를 활용하여 전달하고자 하는 정보를 독자에게 정중하게 전달하고 있다.

③ 일상생활의 경험을 활용하여 전달하고자 하는 정보의 진위를 판단하고 있다.

④ 예상 독자를 안과 전문의로 설정하고, 이들의 배경 지식 수준을 고려하여 개념에 대한 설명을 생략하고 있다.

2. [A]에서 필자가 내용을 조직한 방법에 대한 설명으로 적절하지 않은 것은

① 나열의 방법을 활용하여 전달하고자 하는 정보를 상세화하고 있다.

② 특정 현상에 대한 원인을 밝히는 방법을 활용하여 내용을 구체화하고 있다.

③ 구체적인 수치를 인용하는 방법을 활용하여 전달하고자 하는 정보의 신뢰성을 높이고 있다.

④ 시간의 경과에 따라 정보를 제시하는 방법을 활용하여 특정 현상의 변화 과정을 밝히고 있다.

3. '화재 예방의 중요성과 간단한 화재 진압 방법을 알리는 글'을 블로그에 싣기 위해 [보기]와 같이 정보를 수집하였다. 글의 구조를 고려하여 글을 쓰고자 할 때 가장 적절한 활용 방안은?

[보 기]
㉮ 시민들이 화재 예방 방법에 대해 잘 모르고 있음을 취재한 신문 기사 자료
㉯ 소방관의 하루 일과를 취재한 동영상 자료
㉰ 가정과 직장에서 자주 발생하는 화재 유형과 진압법에 대한 설명 자료
㉱ 소화기 제조회사의 제품 홍보영상
㉲ 최근 5년 간 화재로 인한 경제적 손실액의 추이를 나타낸 그래프 자료
㉳ 원인별 화재 진압 요령을 전문적으로 정리한 자료

① 글의 처음 부분에는 (나)와 (바)를 활용하여 글의 필요성을 강조한다.

② 글의 중간 부분에는 (다)를 활용하여 올바른 화재 진압 방법을 설명한다.

③ 글의 끝 부분에는 (가)와 (마)를 제시하여 화재 발생의 유형을 설명한다.

④ 글의 처음 부분에는 (라)를 제시하여 독자에게 실질적인 도움을 준다.

4. [보기]를 참고하여 알 수 있는 밑줄 친 선어말 어미 '-았-/-었-'의 의미는?

[보 기]
경택 : 내일 새벽에 야구 대표팀 결승전 있는 거 알지
수환 : 당연하지. 우리 오늘 잠은 다 잤다.

① 과거의 사건이 현재까지 지속됨을 나타낸다.
② 미래의 사건을 이미 정해진 사실로 표현한다.
③ 과거의 사건과 강하게 단절되어 있음을 표현한다.
④ 화자의 과거 회상을 통해 경험한 사실을 드러낸다.

5. [보기]에서 글 전체의 통일성을 해치는 문단은?

[보 기]
(가) 얼마 전에 캐나다 여행을 다녀왔다. 그 여행을 통해서 많은 것을 보고 배웠지만, 그중에서 가장 인상 깊었던 것은 캐나다 사람들의 상대를 배려하는 태도이다. 지금 우리는 선진국으로 진입하기 위해 노력하고 있다. 그러나 타인을 존중하는 문화가 빠진다면 그 노력은 공염불에 그치고 말 것이다.

(나) 캐나다 사람들은 이방인인 나에게도 무척 친절했다. 마치 도움을 주기 위해 일부러 기다리고 있었다는 듯이 나를 도와주는 일에 인색하지 않았다. 그리고 짧은 기간이나마 함께 생활하면서 관찰해 보니, 그들은 어린이도 한 사람의 인격체로서 존중해 주고 있었다. 이에 비하면 우리나라 사람들은 상대를 배려하는 마음이 부족하다. 윗사람을 존중해 주는 문화가 있었지만 지금은 거의 사라져 버렸고, 아랫사람에 대한 태도는 더 말할 것도 없다.

(다) 타인에 대한 배려심은 두 가지로 나타난다. 하나는 상대방에게 피해를 주지 않으려는 마음가짐이고, 다른 하나는 상대방의 문제를 해결하는 데 도움을 주려는 마음가짐이다. 우선 우리는 타인에게 피해를 주지 말아야 한다. 내가 하기 싫은 일은 남도 하기 싫은 법이다. 역지사지(易地思之)란 말도 있지 않은가? 우리는 늘 타인의 입장에서 생각해 보는 태도를 지

녀야 한다. 타인을 배려하는 문화를 가꾸어 나간다면 살맛나는 사회를 만들 수 있을 것이다.

(라) 배려에 대한 배움은 언제나 가치 있는 일이다. 우리에게 가르침을 주는 곳은 참 많다. 그렇지만 가장 체계적이고 깊이 있는 교육이 이루어지는 곳은 역시 학교다. 따라서 우리는 무엇보다 학교 생활에 충실해야 한다.

① (가) 문단
② (나) 문단
③ (다) 문단
④ (라) 문단

6. 한글 맞춤법에 맞는 단어들로만 이루어진 문장은

① 어제 맡긴 일은 내일까지 끝낼게.
② 밝은 연둣빛을 띤 나뭇잎이 싱그럽다.
③ 출근을 하자마자 어의없는 일이 생겼다.
④ 나에게 주어진 역활에 최선을 다 할 것이다.

7. [보기]를 참고할 때 단어의 구조가 다른 하나는?

[보 기]
우리말의 단어는 어근 하나로만 구성된 '단일어'와 둘 이상의 어근이나 어근과 접사가 결합하여 이루어진 '복합어'가 있다. 이 중 어근끼리 결합하여 이루어진 단어를 '합성어'라 한다. 합성어는 어근들의 결합이 우리말의 어순이나 단어 배열법과 일치하는 '통사적 합성어'와 일치하지 않는 '비통사적 합성어'로 나뉜다.

① 늦더위
② 힘들다
③ 덮밥
④ 높푸르다

|8~9| 다음 글을 읽고 물음에 답하시오.

(가) 열무 삼십 단을 이고
시장에 간 우리 엄마
안 오시네, 해는 시든지 오래
나는 찬밥처럼 방에 담겨
아무리 천천히 숙제를 해도
엄마 안 오시네, 배추잎 같은 발소리 타박타박
안 들리네, 어둡고 무서워
금간 창 틈으로 고요히 빗소리
빈방에 혼자 엎드려 훌쩍거리던

아주 먼 옛날
지금도 내 눈시울을 뜨겁게 하는
그 시절, 내 유년의 윗목
                    - 기형도, 「엄마 걱정」

(나) 아빠는 유리창으로
살며시 들여다보았다
귀밑머리 모습을 더듬어
아빠는 너를 금방 찾아냈다

너는 선생님을 쳐다보고
웃고 있었다
아빠는 운동장에서
종 칠 때를 기다렸다
                    - 피천득, 「기다림」

8. (가)에 대한 설명으로 적절한 것은

① '열무 삼십 단'은 경제적인 풍요로움을 의미한다.
② 화자는 자신의 처지를 '배추잎'에 비유했다.
③ 화자가 느끼는 감정이 작품에 직접 드러나 있다.
④ '빗소리'는 화자가 처한 상황을 반전시키는 계기가 된다.

9. (가)와 (나)의 공통점에 대한 설명으로 적절한 것은?

① (가)와 (나)의 화자는 부모의 사랑을 이야기 하고 있다.
② (가)와 (나)에 공통적으로 드러나는 정서는 '기다림'이다.
③ (가)와 (나)에 공통적으로 계절감이 드러나 있다.
④ (가)와 (나)의 화자는 자신의 어린 시절을 회상 하고 있다.

10. [보기]를 참고할 때 ㉠의 사례로 적절하지 않은 것은?

[보 기]
문장에서 주어를 서술하여 주는 동사와 형용사를 용언이라고 한다. 용언의 형태가 변화하는 것을 '활용'이라 한다. 활용에는 어간과 어미의 형태가 변하지 않는 '규칙활용'과 변화를 하는 '㉠ 불규칙 활용'이 있다.

① 수업 시간에는 언제나 학생들이 궁금한 것들을 물었다.
② 어머니는 언제나 아침 일찍 일어나 밥을 지으셨다.
③ 내일까지 항아리에 가득 물을 길어 놓아야 한다.
④ 철수는 하루 종일 교실에 앉아서 책을 읽었다.

|11～13| 다음 글을 읽고 물음에 답하시오.

집에 오래 지탱할 수 없이 퇴락한 행랑채 세 칸이 있어서 나는 부득이 그것을 모두 수리하게 되었다. 이때 앞서 그중 두 칸은 비가 샌 지 오래 되었는데, 나는 그것을 알고도 어물어물하다가 미처 수리하지 못하였고, 다른 한 칸은 한 번밖에 비를 맞지 않았기 때문에 급히 기와를 갈게 하였다.
그런데 수리하고 보니, 비가 샌 지 오래된 것은 서까래, 추녀, 기둥, 들보가 모두 썩어서 못 쓰게 되었으므로 경비가 많이 들었고, 한 번밖에 비를 맞지 않은 것은 재목들이 모두 완전하여 다시 쓸 수 있었기 때문에 경비가 적게 들었다.
나는 여기에서 이렇게 생각한다. 사람의 몸에 있어서도 역시 마찬가지이다. 잘못을 알고서도 곧 고치지 않으면 몸의 패망하는 것이 나무가 썩어서 못 쓰게 되는 이상으로 될 것이고, 잘못이 있더라도 고치기를 꺼려하지 않으면 다시 좋은 사람이 되는 것이 집 재목이 다시 쓰일 수 있는 이상으로 될 것이다. 이뿐만 아니라, 나라의 정사도 이와 마찬 가지다. ㉠ 모든 일에 있어서, 백성에게 심한 해가 될 것을 머뭇거리고 개혁하지 않다가, 백성이 못 살게 되고 나라가 위태하게 된 뒤에 갑자기 변경하려 하면, 곧 붙잡아 일으키기가 어렵다. 삼가지 않을 수 있겠는가
                    - 이규보, 「이옥설(理屋說)」

11. 윗글에 대한 설명으로 가장 적절한 것은

① 경제 문제에 대한 해결책을 제시하고 있다.
② 개인적 체험을 통해 깨달음을 드러내고 있다.
③ 대상에 감정을 이입하여 필자의 사상을 역설(力說)하고 있다.
④ 인간과 자연을 대비하는 과정을 통해 자연의 영원성을 표현하고 있다.

12. 윗글을 통해 알 수 있는 내용으로 가장 적절한 것은?

① 필자는 집이 총 세 채이다.
② 잘못을 알고 고치지 않으면 더 큰 문제가 된다.
③ 과거에 오랜 시간 동안 몸이 아팠던 경험이 있다.
④ 좋은 정치는 비가 샌 지 오래된 집을 고치는 것이다.

13. ㉠에 대해 보인 반응으로 가장 적절한 것은

① 나라의 패망에 안타까워하니 맥수지탄(麥秀之嘆)이군.

② 위태로운 나라를 모른 척 하고 있으니 곡학아세(曲學阿世)로군.

③ 다른 나라를 거울로 삼아 백성을 구하려 하니 타산지석(他山之石)이군.

④ 이미 때가 늦은 뒤에 대책을 강구하는 것이 마치 사후약방문(死後藥方文)이군.

14. [보기]를 참고할 때 '표준 발음법 규정'에 대한 설명으로 적절하지 않은 것은?

> [보 기]
> - 표준 발음법 규정 -
> 제5항 'ㅑ ㅒ ㅕ ㅖ ㅘ ㅙ ㅛ ㅝ ㅞ ㅠ ㅢ'는 이중 모음으로 발음한다.
> 다만 3. 자음을 첫소리로 가지고 있는 음절의 'ㅢ'는 [ㅣ]로 발음한다.
> 다만 4. 단어의 첫음절 이외의 '의'는 [ㅣ]로, 조사 '의'는 [ㅔ]로 발음함도 허용한다.
>
> 제11항 겹받침 'ㄺ, ㄻ, ㄿ'은 어말 또는 자음 앞에서 각각 [ㄱ, ㅁ, ㅂ]으로 발음한다.
> 다만, 용언의 어간 말음 'ㄺ'은 'ㄱ'앞에서 [ㄹ]로 발음한다.

① 제5항의 '다만 3'의 예시 단어로 '희망[히망]'이 있다.

② 제5항의 '다만 4'를 보면 'ㅢ'는 현대 국어에서 발음상의 변이가 있다.

③ 제11항을 보면 겹받침을 이루는 두 자음 중 앞선 자음을 탈락시켜 발음한다.

④ 제11항과 '다만'을 고려하였을 때 '맑고 맑다'는 [말꼬 말따]로 발음한다.

┃15 ~ 17┃ 다음 글을 읽고 물음에 답하시오.

> 영달이가 내민 것들을 받아 쥔 백화의 눈이 붉게 충혈되었다. 그 여자는 더듬거리며 물었다.
> "아무도…… 안 가나요"
> "우린 삼포루 갑니다. 거긴 내 고향이오."
> 영달이 대신 정 씨가 말했다. 사람들이 개찰구로 나가고 있었다. 백화가 보퉁이를 들고 일어섰다.
> "정말, 잊어버리지…… 않을게요."
> 백화는 개찰구로 가다가 다시 돌아왔다. 돌아온 백화는 눈이 젖은 채로 웃고 있었다.

> ㉠ "내 이름 백화가 아니에요, 본명은요…… 이 점례예요."
> 여자는 개찰구로 뛰어나갔다. 잠시 후에 기차가 떠났다. (중략)
> 정 씨 옆에 앉았던 노인이 두 사람의 행색과 무릎 위의 배낭을 눈여겨 살피더니 말을 걸어왔다.
> "어디 일들 가슈"
> "아뇨, 고향에 갑니다."
> "고향이 어딘데……."
> "삼포라고 아십니까"
> "어 알지, 우리 아들놈이 거기서 도자를 끄는데 ……."
> "삼포에서요? 거 어디 공사 벌릴 데나 됩니까? 고작해야 고기잡이나 하구 감자나 매는데요."
> "어허! 몇 년 만에 가는 거요"
> "십 년."
> 노인은 그렇겠다며 고개를 끄덕였다.
> "말두 말우, 거긴 지금 육지야. 바다에 방둑을 쌓아 놓구, 추럭이 수십 대씩 돌을 실어 나른다구."
> "뭣 땜에요"
> "낸들 아나. 뭐 관광호텔을 여러 채 짓는담서, 복잡하기가 말할 수 없데."
> "동네는 그대루 있을까요"
> "그대루가 뭐요. 맨 천지에 공사판 사람들에다 장까지 들어섰는걸."
> "그럼 나룻배두 없어졌겠네요."
> "바다 위로 신작로가 났는데, 나룻배는 뭐에 쓰오. 허허, 사람이 많아지니 변고지. 사람이 많아지면 하늘을 잊는 법이거든."
> 작정하고 벼르다가 찾아가는 고향이었으나, 정 씨에게는 풍문마저 낯설었다. 옆에서 잠자코 듣고 있던 영달이가 말했다.
> "잘됐군. 우리 거기서 공사판 일이나 잡읍시다."
> 그때에 기차가 도착했다. 정 씨는 발걸음이 내 키질 않았다. 그는 마음의 정처를 방금 잃어버렸던 때문이었다. 어느 결에 정 씨는 영달이와 똑같은 입장이 되어버렸다.
> ㉡ 기차가 눈발이 날리는 어두운 들판을 향해서 달려갔다.
> – 황석영, 「삼포 가는 길」

15. 윗글에 대한 설명으로 가장 적절한 것은?

① 작품 속 서술자가 사건을 전달하고 있다.

② 서술자의 논평을 통해 주제를 명시적으로 드러내고 있다.

③ 인물 간의 대화를 통해 상황을 압축적으로 보여 주고 있다.

④ 빈번한 장면의 전환을 통해 사건의 긴장감을 높이고 있다.

16. [보기]를 참고할 때 '백화'가 ⊙과 같이 말한 이유로 가장 적절한 것은?

[보 기]

이 작품은 1970년대 급속한 산업화 과정에서 고향을 떠나 떠도는 인물들의 삶을 그리고 있다. 각 등장인물은 '삼포'로 가는 길이 고되고 힘들지만 함께 길을 걸으면서 서로를 이해하고 깊은 인간의 정을 나누게 된다.

① 백화가 정씨와 영달에게 유대감을 느끼고 있기 때문에
② 삼포가 사실은 자신의 고향임을 본명을 통해 알려 주기 위해서
③ 본명을 말함으로써 자신은 고향을 떠난 사람이 아님을 증명하려고
④ 영달과 어린 시절 가까운 사이였던 것을 밝히 려고

17. ⓒ의 의미로 가장 적절한 것은?

① 미래에 대한 정씨와 영달의 희망을 보여준다.
② 산업화로 발전된 삼포에 대한 정씨의 기대를 나타낸다.
③ 정씨와 영달의 앞으로의 삶이 순탄하지만은 않을 것임을 암시한다.
④ 새롭게 변해 버린 고향을 거부하려는 정씨와 영달의 의지를 드러낸다.

┃18 ~ 20┃ 다음 글을 읽고 물음에 답하시오.

밀리미터파는 주파수가 매우 높다. 주파수가 높으면 진동 횟수가 많은 것인데, 그러면 전파의 파장이 짧다. 주파수와 파장은 반비례 관계인 것이다. 파장이 짧아질수록 전파의 직진성이 커지며, 전파의 직진성이 커지면 장애물에 부딪쳤을 때 반사되어 나가려는 성질이 강해진다.

밀리미터파는 파장의 길이가 빛보다는 길지만, 다른 전파에 비해 매우 짧기 때문에 직진성이 강하다. 제2차 세계 대전에 주로 사용된 마이크로파 신호인 20기가헤르츠 대역의 레이더는 신호의 빔 폭이 넓어서 적에게 노출되는 문제가 있었다. 그래서 크기는 같되 빔 폭이 더 좁은 레이더가 필요했다. 이 요구는 밀리미터파에 관한 보스의 실험 결과를 실제로 사용한 계기가 되었다. 신호의 직진성이 마이크로파 대역의 레이더에 비해 큰 밀리미터파 레이더를 사용한 것인데, 이것이 밀리미터파의 첫 번째 응용 사례이다. 이후에 밀리미터파는 군사용 레이더 개발에 많이 응용되었다.

밀리미터파는 직진성과 대기 감쇠 특성 때문에 한 번에 먼 거리로 데이터를 전송하는 데 어려운 점이 있다. 그러나 파장이 짧아 전자 회로와 안테나의 크기를 작게 만들 수 있으며,

가용 대역폭이 넓어서 수 기가헤르츠 대역폭을 필요로 하는 대용량 데이터의 고속 전송에 유용한 장점이 있다. 근래 들어 반도체 공정 기술의 발달로 밀리미터파 부품의 가격이 ⊙ 떨어지고, 고품질 영상 데이터와 같은 고속 데이터의 전송 수요가 많아짐에 따라 밀리미터파는 점점 더 우리 생활 속 깊숙이 파고들고 있다.

18. 윗글에 대한 설명으로 가장 적절한 것은

① 밀리미터파의 특성을 구체적으로 설명하고 있다.
② 밀리미터파에 대한 인식 변화를 통시적 관점에서 설명하고 있다.
③ 밀리미터파의 장단점을 전문가의 견해를 활용하여 설명하고 있다.
④ 밀리미터파가 인체에 유해한 전파임을 임상적으로 설명하고 있다.

19. 윗글을 이해한 내용으로 적절하지 않은 것은

① 밀리미터파는 주파수가 높고 파장이 짧다.
② 밀리미터파는 전쟁 중 적군에게 노출될 위험성이 낮다.
③ 밀리미터파는 대기 감쇠 특성으로 인해 전자 회로의 크기를 크게 만든다.
④ 밀리미터파는 가용 대역폭이 넓어 대용량 데 이터의 고속 전송에 유리하다.

20. 윗글의 ⊙과 문맥상 의미가 가장 유사한 것은

① 연일 주가가 떨어지고 있다.
② 감기가 떨어지지 않아 큰 고생을 하였다.
③ 나는 이미 그 일에 정이 떨어진 지 꽤 되었다.
④ 파란불 신호가 떨어지자 사람들이 건널목을 건너기 시작했다.

1. 다음 ㈎시대에 대한 설명으로 옳은 것은?

> 국가지정문화재 사적 제267호인 암사동 유적은 6000년 전 ㈎ 시대 유적 가운데 국내 최대 규모이자 선조들의 생활상을 온전히 간직해 국내외적으로 학술적 가치가 높은 주거 유적지이다. 이곳에서 발굴된 움집은 1m 내외로 땅을 파고 기둥을 세운 반지하형 가옥으로, 중앙에는 취사와 난방을 위한 화덕을 두었다.

① 우경이 보급되었다.
② 고인돌을 축조하였다.
③ 농경 생활을 시작하였다.
④ 주먹도끼를 처음 사용하였다.

2. 다음 업적을 이룩한 왕에 대한 설명으로 옳은 것은?

> 6년, 「국사(國史)」를 편찬하였다.
> 12년, 한강 상류 지역의 10군을 점유하였다.
> 14년, 한강 하류 지역을 빼앗아 중부지방을 확보하였다.
> 23년, 고령의 대가야를 정복하여 낙동강 유역을 모두 확보하였다.

① 불교를 공인하였다.
② 국학을 설립하였다.
③ 웅진에서 사비로 천도하였다.
④ 화랑도를 국가적 조직으로 개편하였다.

3. 밑줄 친 '이 나라'에 대한 설명으로 옳은 것은?

> 사진은 이 나라의 문화재인 이불병좌상입니다. 대조영이 건국한 이 나라는 해동성국이라 불릴 정도로 번영하였습니다.

① 골품제를 운영하였다.
② 후삼국을 통일하였다.
③ 수(隋)의 대군을 살수에서 물리쳤다.
④ 인안, 대흥 등 독자적인 연호를 사용하였다.

4. 다음 ㈎에 들어갈 토지제도로 옳은 것은?

> 개간된 토지의 수효를 총괄하고 기름지거나 메마른 토지를 구분하여 문무백관으로부터 부병(군인), 한인(閑人)에까지 일정한 과(科)에 따라 모두 토지를 주고, 또 등급에 따라 땔나무를 베어낼 땅을 주었다. 이를 ㈎이라/라 한다.
> – 「고려사」 –

① 전시과　　　　　② 역분전
③ 과전법　　　　　④ 관료전

5. 다음에서 설명하고 있는 문화재로 옳은 것은?

> 체구에 비하여 머리 부분이 매우 커 전체적인 비례나 균형은 맞지 않지만 매우 친근감을 준다. 토속적인 얼굴 모습, 비사실적인 조각 수법 등이 이전에 비해 특이한 데, 고려 초 지방 불상의 양식이 나타나 있다고 하겠다.

① 　　　②

③ 　　　④

6. 다음 자료를 활용한 수업의 주제로 가장 적절한 것은?

> 김효원이 과거에 장원으로 합격하여 이조 전랑의 물망에 올랐으나, 그가 윤원형의 문객이었다 하여 심의겸이 반대하였다. 그 후에 심충겸(심의겸의 동생)이 장원 급제를 하여 이조 전랑으로 천거되었으나, 외척이라 하여 김효원이 반대하였다.
> 이에 양편 친지들이 각기 다른 주장을 내세우며 서로 배척하여 동인, 서인이라는 말이 여기에서 비롯하였다. 효원의 집은 동쪽 건천동에 있고, 의겸의 집은 서쪽 정릉동에 있었기 때문이다.

① 호족의 성장
② 붕당의 형성
③ 개경파와 서경파의 대립
④ 급진 개화파와 온건 개화파의 발생

7. 다음 주장이 전개된 배경으로 적절한 것은?

> … 재물은 대체로 샘과 같다. 퍼내면 차고, 버려두면 말라 버린다. 그러므로 비단옷을 입지 않아서 나라에 비단 짜는 사람이 없게 되면 여공이 쇠퇴하고, 쭈그러진 그릇을 싫어하지 않고 기교를 숭상하지 않아서 수공업자가 기술을 익히는 일이 없게 되면 기예가 망하게 되며, 농사가 황폐해져서 그 법을 잃게 되므로 …(중략)… 사농공상의 사민이 모두 곤궁하여 서로 구제할 수 없게 된다. …

① 동학의 교세가 널리 확산되었다.
② 예송 논쟁으로 붕당 사이의 다툼이 치열해졌다.
③ 실용을 중시하는 학문 연구 경향이 확대되었다.
④ 성리학의 사상적 발전을 바탕으로 이기론이 전개되었다.

8. 밑줄 친 '이 사건'으로 옳은 것은?

외규장각 도서가 돌아오다!

> 프랑스로부터 우리 품으로 돌아온 외규장각 도서는 조선시대 기록문화의 꽃입니다. 외규장각 도서는 <u>이 사건</u> 때 외세에 약탈당했지만 마침내 우리 곁으로 돌아오게 되었습니다.

① 신미양요
② 병인양요
③ 운요호 사건
④ 제너럴 셔먼호 사건

9. 다음에서 알 수 있는 민족 운동에 대한 설명으로 옳은 것은?

> … 지금 우리들은 정신을 새로이 하고 충의를 떨칠 때이니, 국채 1천 3백만 원은 우리의 존망에 직결된 것이니 이것을 갚으면 나라가 보존되고, 갚지 못하면 나라가 망할 것이니 …(중략)… 2천만 사람들이 3개월 동안 금연하고 그 대금으로 한 사람에게 매달 20전씩 거둔다면 1천 3백만 원을 모을 수 있습니다. …

① 황국 중앙 총상회가 주도하였다.
② 조선 총독부의 탄압으로 실패하였다.
③ 윌슨의 민족 자결주의에 영향을 받았다.
④ 대한매일신보 등 언론사의 지원을 받았다.

10. 다음 정책이 시행되었던 시기에 볼 수 있는 모습으로 가장 적절한 것은?

> • 창씨를 안 한 자들의 자녀에 대해서는 각급 학교의 입학과 진학을 거부한다.
> • 창씨를 안 한 어린이들은 일본인 교사들이 구타, 질책하는 등 그를 증오함으로써 어린이로 하여금 애소로써 부모들에게 창씨를 하게 한다.
> • 창씨를 안 한 자는 공사를 불문하고 총독부 관계 기관에 일절 채용을 하지 않고, 현직자도 점차해임 조치한다.

① 칼과 제복을 착용한 교원
② 한성순보를 읽고 있는 관리
③ 황국 신민 서사를 암송하는 학생
④ 물산 장려 운동의 참여를 촉구하는 상인

11. 다음 내용과 관련있는 민주화 운동에 대한 설명으로 옳은 것은?

> **〈국민 대회 행동 강령과 구호〉**
> 오후 6시 국기 하기식에 맞춰 다 같이 애국가를 부릅시다.
> 애국가 후 자동차는 경적을 울리고 교회와 사찰은 타종합시다.
> 국민 합의 배신하는 4·13 호헌 주장 철회하라! 민주 헌법
> 쟁취하여 민주 정부 수립하자!

① 유신 헌법의 철폐를 주장하였다.
② 대통령 직선제 개헌으로 이어졌다.
③ 대통령이 하야하는 결과를 가져왔다.
④ 3·15 부정 선거에 항의하여 일어났다.

12. [보기]에서 (가), (나)시기 사이의 사실로 옳은 것을 모두 고른 것은?

> (가) 고조선이 중국의 연과 대립할 정도로 강성해 지자, 연이 고조선을 침략하였다. 그 결과 고조선은 서쪽의 넓은 영토를 상실하였다.
> (나) 고조선은 한 무제가 보낸 군대와 맞서 1년 이상 항전하였으나, 결국 내부 분열로 멸망 하고 말았다.

> **[보 기]**
> ㉠ 법률이 60여 개로 늘어났다.
> ㉡ 위만이 고조선의 왕위를 차지하였다.
> ㉢ 낙랑, 진번, 현도, 임둔군이 설치되었다.
> ㉣ 고조선이 중계 무역으로 이익을 얻었다.

① ㉠, ㉢
② ㉠, ㉣
③ ㉡, ㉢
④ ㉡, ㉣

13. (가)에 들어갈 내용으로 적절한 것은?

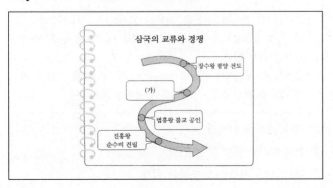

① 매소성 전투 발생
② 백제, 웅진으로 천도
③ 근초고왕, 마한 통합
④ 광개토 대왕, 백제 압박

14. 밑줄 친 '왕'의 정책으로 옳은 것은?

> 쌍기는 후주 출신이다. 설문우를 따라 고려로 왔다가 병 때문에 머무르게 되었다. 병이 낫자 왕이 그의 재주를 아깝게 여겨 마침내 발탁하여 등용하였다. 그가 처음으로 왕에게 과거 제도의 설치를 건의하였고, 마침내 지공거가 되어 진사 갑과에 최섬 등 2인, 명경업에 3인, 복업에 2인을 선발하였다. 그 뒤부터 학문을 숭상하는 기풍이 흥기하게 되었다.

① 노비안검법을 실시하였다.
② 최승로의 시무 28조를 받아들였다.
③ 정방을 설치하여 인사권을 장악하였다.
④ 신돈을 등용하고 전민변정도감을 설치하였다.

15. [보기]에서 (가)와/과 고려와의 관계에 대한 설명으로 옳은 것을 모두 고른 것은?

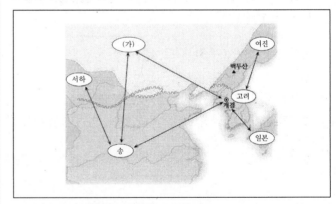

> ㉠ 고려는 건국 초부터 (가)을/를 적대시하였다.
> ㉡ 윤관은 별무반을 편성하여 (가)을/를 공격하였다.
> ㉢ 고려는 (가)와/과의 협상으로 강동 6주를 확보하였다.
> ㉣ 고려는 팔만대장경을 편찬하여 (가)을/를 물리 치고자 하였다.

① ㉠, ㉢
② ㉠, ㉣
③ ㉡, ㉢
④ ㉡, ㉣

16. 다음 (가)의 재위기간에 볼 수 있던 모습으로 옳은 것은?

〈 (가) 시기 처음 제작된 기구〉

- 장영실이 만든 일종의 해시계
- 솥 모양 안쪽의 눈금과 바늘을 활용해 시간과 절기를 측정함

- 세계 최초의 강우량 측정기구
- 빗물을 원통에 받아 강우량을 측정하여 농사에 활용함

① 태학에서 유학을 공부하는 학생
② 강화도에서 미군과 전투 중인 군인
③ 독서삼품과 실시를 환영하는 6두품
④ 농사직설에 나온 농법을 권장하는 수령

17. 밑줄 친 '이 법'에 대한 설명으로 옳은 것은?

이 법은 국가 재정을 확충하고 일시적으로 농촌 경제를 안정시키는 데 기여하였다. 또한 이 법이 실시되면서 국가에 관수품을 조달하는 어용 상인인 공인이 등장하였고, 공인이 시장에서 많은 물품을 구매해 상품 수요가 증가되고, 이러한 과정에서 상품 화폐 경제가 발전하였다.

① 양반에게도 군포를 징수하였다.
② 시행 과정에서 지계가 발급되었다.
③ 방납의 폐단을 해결하기 위해 실시되었다.
④ 재정의 부족분을 채우기 위해 결작을 부과하였다.

18. 다음 특집 기획기사 내용에서 (가)에 들어갈 내용으로 옳은 것은?

특집 기획 – 문화의 새 경향이 등장하다! –

서민의 경제력이 향상되고 서당 교육이 확대되면서 서민층이 새로운 문화의 주체로 성장하였던 이 시기 문화의 다양한 모습에 대해 알아 보고자 한다.

특집 1 일상적인 삶을 그린 풍속화 성행
특집 2 판소리, 탈놀이 등 공연 문화 유행
특집 3 (가)

① 새로운 역법서인 칠정산의 등장
② 왕실 의례의 확립, 국조오례의 편찬
③ 형식에 얽매이지 않는 사설시조 유행
④ 외적을 물리치려는 염원, 팔만대장경 조판

19. 다음 선언으로 시작된 민족 운동의 영향으로 옳은 것은?

우리는 오늘 조선이 독립한 나라이며, 조선인이 이 나라의 주인임을 선언한다. 우리는 이를 세계 모든 나라에 알려 인류가 모두 평등하다는 큰 뜻을 분명히 하고, 우리 후손이 민족 스스로 살아갈 정당한 권리를 영원히 누리게 할 것이다. …(중략)… 낡은 시대의 유물인 침략주의와 강권주의에 희생되어, 우리 민족이 수 천 년 역사상 처음으로 다른 민족에게 억눌리는 고통을 받은 지 십년이 지났다. …

① 신간회가 해소되었다.
② 자치 운동이 전개되었다.
③ 13도 창의군이 결성되었다.
④ 대한민국 임시 정부가 수립되었다.

20. (가) ~ (라)를 시간 순으로 옳게 나열한 것은?

6 · 25 전쟁의 경과			
(가)	(나)	(다)	(라)

① (가) - (다) - (나) - (라)

② (가) - (라) - (나) - (다)

③ (나) - (다) - (가) - (라)

④ (나) - (라) - (가) - (다)

---

1. 자본주의의 역사적 전개 과정 중 [보기]의 밑줄 친 '이 주장'으로 가장 적절한 것은?

> [보 기]
>
> 1929년 미국에서 주가 폭락을 계기로 대공황이 발생하여 은행과 기업이 도산하고 실업자가 늘어나자 이 주장이 등장하였다.
> 특히 영국의 경제학자 케인스(Keynes, J. M.)는 시장 경제의 문제점을 보완하려면 정부가 시장에 개입해야 한다고 주장하여 대규모 공공사업으로 구매력을 높이려는 정부 정책을 뒷받침하였다.

① 산업 자본주의   ② 상업 자본주의

③ 독점 자본주의   ④ 수정 자본주의

2. 다음 (가), (나)에 대한 설명으로 옳은 것은?

헌법의 원리	관련 헌법 조항
(가)	제1조 ① 대한민국은 민주 공화국이다 ② 대한민국의 주권은 국민에게 있고, 모든 권력은 국민으로부터 나온다.
(나)	제61조 ① 국회는 국정을 감사하거나 특정한 국정 사안에 대하여 조사 할 수 있으며, 이에 필요한 서류의 제출 또는 증인의 출석과 증언이나 의견의 진술을 요구할 수 있다. 제104조 ① 대법원장은 국회의 동의를 얻어 대통령이 임명한다.

① (가)는 권력분립의 원리에 해당한다.

② (나)는 헌법이 법률체계에서 최고 규범임을 나타낸다.

③ (나)는 (가)와 달리 헌법이 국민의 자유와 권리를 보장하는 규범임을 나타낸다.

④ 국민 투표권은 (나)가 아닌 (가)에 해당한다.

3. [보기]의 비합리적 소비를 설명하는 용어는?

> [보 기]
>
> 이것은 상류층 소비자들에 의해 이루어지는 소비 행태로, 가격이 오르는 데도 수요가 줄어들지 않고, 오히려 증가하는 현상을 말한다. 예를 들어 값비싼 귀금속류나 고가의 가전제품, 고급 자동차 등은 경제상황이 악화되어도 수요가 줄어들지 않는 경향이 있다. 이는 꼭 필요해서 구입하는 경우도 있지만, 단지 자신의 부를 과시하거나 허영심을 채우기 위해 구입하는 사람들이 많기 때문이다.

① 편승 효과(bandwagon effect)

② 배블런 효과(Veblen effect)

③ 스노브 효과(snob effect)

④ 매몰비용 오류(sunk cost fallacy)

4. 다음 입장을 가진 사상가가 주장한 내용으로 가장 적절한 것은?

> 행복은 모든 것 가운데 가장 바람직한 것이요, 여러 선(善) 중에서 최고의 선이다. 따라서 행복은 궁극적이고 자족적이며, 모든 행동의 목적이라고 할 수 있다. 무엇이 행복인지 알려면 인간의 기능에 대해 생각해보아야 한다. 인간만이 지닌 특별한 기능은 정신의 이성적 활동이다. 그러므로 행복이란 덕과 일치하는 정신적 활동이다.

① 진정한 행복은 덕을 갖추는 것과 무관한 것이다.

② 진정한 행복은 신의 은총이 있어야만 이루어질 수 있는 것이다.

③ 진정한 행복은 인간관계보다 추상적 법칙을 중시 할 때 가능하다.

④ 진정한 행복은 다른 어떤 것을 얻기 위한 수단이 아닌 목적 그 자체이다.

5. 다음의 (가)와 같이 주장한 사상가의 입장에서 (나)의 밑줄 친 A의 행위에 대해 내릴 평가로 가장 적절한 것은?

> (가) 네 자신의 인격에서나 다른 사람의 인격에서 인간을 단지 수단으로만 대우 하지 말고 항상 동시에 목적으로 대우 하도록 그렇게 행위하라.
>
> (나) A는 장애인을 고용하면 여러 특혜를 받을 수 있다는 말을 듣고 장애인을 채용 하였으나 장애인들은 일이 너무 서툴러 생산의 효율성이 떨어지게 되었다. <u>A는 충분한 해고 요건이 발생하지 않았음에도 불구하고 고용한 장애인들을 해고하였다.</u>

① 필요에 따른 분배를 기준으로 하였으므로 옳은 행위이다.

② 사회적 효용성 증가에 도움이 되지 않았으므로 비도덕적인 행위이다.

③ 인간을 이익 실현의 도구로 보고 행동했으므로 비도덕적인 행위이다.

④ 사회 구성원 다수가 동의한 법에 기초하였으므로 문제되지 않을 행위이다.

6. [보기]의 내용을 주장한 사상가의 관점으로 가장 적절한 것은?

> [보 기]
>
> 우리는 먼저 인간이어야 하고, 그 다음에 국민 이어야 한다고 나는 생각한다. 법에 대한 존경심 보다는 먼저 정의에 대한 존경심을 기르는 것이 바람직하다. 내가 떠맡아야 하는 유일한 책무는 언제든 내가 옳다고 생각하는 일을 행하는 것이다.

① 다수결로 결정된 법은 항상 정의롭다.

② 부당한 법이라도 언제나 준수해야 한다.

③ 개인의 양심에 비추어 정의를 판단해야 한다.

④ 시민불복종의 근거는 공유된 사회 내 정의관이다.

7. [보기]에서 설명하고 있는 개념은?

> [보 기]
>
> 소비자가 상품, 서비스 등을 구매할 때 원료 재배, 생산, 유통 등의 전 과정이 소비와 연결되어 있다는 것을 인식하고 행동하는 소비 행태이다. 특히 인간, 동물, 환경을 착취하거나 해를 끼치지 않는 상품을 소비하고자 한다.

① 윤리적 소비　　　　② 본래적 소비
③ 생산적 소비　　　　④ 경제적 소비

8. 동식물의 세포 소기관에 관한 설명 중 옳지 않은 것은?

① 세포벽은 인지질과 단백질로 구성되어 있다.
② 세포에서 에너지 전환을 담당하는 세포 소기관은 엽록체와 미토콘드리아이다.
③ 리보솜은 DNA의 유전정보에 따라 생명 활동에 필요한 단백질을 합성한다.
④ 골지체는 소포체에서 운반된 단백질이나 지질을 변형시키고 포장하여 세포 밖으로 분비한다.

9. 평상시와 비교하여 엘니뇨시기에 나타나는 현상에 대한 설명으로 옳지 않은 것은?

① 무역풍이 약화된다.
② 동태평양의 표층 수온이 상승한다.
③ 서태평양 인근 지역에 폭우가 발생하고, 페루연안에 가뭄이 발생한다.
④ 대기 순환의 변화를 일으켜 전 세계적으로 기상이변이 일어날 수 있다.

10. 수용액 상태일 때 [보기]의 성질을 모두 가진 물질은?

> [보 기]
>
> • 전류가 흐른다.
> • 단백질을 녹이는 성질이 있다.
> • 마그네슘이나 탄산칼슘과 반응하지 않는다.

① 염산　　　　② 암모니아
③ 아세트산　　　　④ 염화나트륨

11. 「국가공무원법」상의 공무원의 종류 중 소방 공무원은 어디에 해당하는가?

① 일반직공무원　　　　② 특정직공무원
③ 정무직공무원　　　　④ 별정직공무원

12. 재난은 국민의 생명·신체·재산과 국가에 피해를 주거나 줄 수 있는 것으로 정의된다. 다음 중 "사회재난"의 종류에 해당하는 것으로 옳은 것은?

① 황사　　　　② 지진
③ 화생방사고　　　　④ 화산활동

13. 「의무소방대설치법 시행령」상 의무소방원의 임무에 해당하는 것을 모두 고른 것은?

> ㉠ 소방순찰 및 예방활동의 지원
> ㉡ 현장지휘관의 보좌
> ㉢ 화재 등 재난·재해 사고현장에서 질서유지
> ㉣ 소방대상물의 소방특별조사

① ㉠, ㉡, ㉢　　　　② ㉠, ㉡, ㉣
③ ㉠, ㉢, ㉣　　　　④ ㉡, ㉢, ㉣

14. 「소방기본법」상 시·도지사가 화재경계지구로 지정할 수 있는 대상이 아닌 것은? (단, 소방청장이 해당 시·도지사에게 해당 지역의 화재경계지구 지정을 요청하여 지정하는 사항에 대하여는 제외한다.)

① 목조건물이 밀집한 지역
② 고층건물이 밀집한 지역
③ 위험물의 저장 및 처리 시설이 밀집한 지역
④ 공장·창고가 밀집한 지역

15. 「화재예방, 소방시설 설치·유지 및 안전관리에 관한 법률 시행령」에서 정하는 주택용 소방 시설에 해당하는 것은?

① 차동식감지기　　　　② 단독경보형감지기
③ 정온식감지기　　　　④ 보상식감지기

16. 백드레프트(Back draft) 현상에 대한 설명으로 옳은 것은?

① 산소가 부족하거나 훈소상태에 있는 실내에 산소가 일시적으로 다량 공급될 때 연소가스가 순간적으로 발화하는 현상

② 화재의 초기단계에서 발생된 가연성 가스가 산소와 혼합하여 천장부분에 집적(集積)될 때 발생하며, 뜨거운 가스가 실내공기압의 차이에 따라 천장을 구르면서 화재가 발생되지 않은 지역으로 굴러가는 현상

③ 실내 전체가 발화온도까지 미리 충분히 가열된 상태에서 한순간에 화재로 뒤덮이는 현상

④ 가스탱크가 화재에 노출되었을 때, 탱크의 내부압력이 증가하여 탱크가 파열되면서 외부로 가스가 분출·폭발하는 현상

17. [보기]의 빈칸에 들어갈 말이 올바르게 짝지어진 것은?

> [보 기]
>
> (가)이란 외부의 직접적인 점화원 없이 가열된 열의 축적에 의하여 발화가 되고 연소가 시작되는 최저온도
>
> (나)이란 기체 또는 휘발성 액체에서 발생하는 증기가 공기와 섞여서 가연성 혼합기체를 형성하고 착화원의 존재 시 발화가 일어날 수 있는 최저온도

	(가)	(나)
①	발화점	인화점
②	인화점	연소점
③	폭발점	발화점
④	연소점	폭발점

18. 폭발범위에 대한 설명으로 옳지 않은 것은?

① 온도가 상승하면 폭발범위는 넓어진다.

② 압력이 상승하면 폭발범위는 넓어진다.

③ 산소농도가 증가하면 폭발범위는 넓어진다.

④ 불활성물질을 첨가하면 폭발범위는 넓어진다.

19. 「소방기본법」에서 규정하는 "소방대"에 포함되지 않은 것은?

① 소방공무원 ② 의무소방원

③ 의용소방대원 ④ 소방안전관리자

20. 연소의 3요소 중 점화원에 해당하지 않은 것은?

① 전기불꽃 ② 충격 및 마찰

③ 산화제 ④ 복사열

✏️ **국어**

|1~2| 다음 글을 읽고 물음에 답하시오.

그 뒤 이생은 벼슬을 구하지 않고 최 씨와 함께 살았다. 목숨을 구하고자 달아났던 종들도 다시 스스로 돌아왔다. 이생은 이때부터 인간사에 소홀해져서 비록 친척이나 손님들의 길흉사에 하례하고 조문해야 할 일이 있더라도 ㉠문을 걸어 잠그고 밖으로 나가지 않았다. 그는 항상 최 씨와 시를 지어 주고받으며 금실 좋게 행복한 시간을 보냈다. 그렇게 몇 년이 흘러갔다.

어느 날 저녁 최 씨가 이생에게 말했다.

"세 번이나 좋은 시절을 만났지만 세상일은 뜻대로 되지 않고 어그러지기만 하네요. 즐거움이 다하기도 전에 갑자기 슬픈 이별이 닥쳐오니 말이에요."

그러고는 마침내 오열하기 시작하였다. 이생은 깜짝 놀라서 물었다.

"무슨 일로 그러시오"

최 씨가 대답하였다.

"저승길의 운수는 피할 수가 없답니다. 저와 당신은 하늘이 맺어준 인연으로 연분이 아직 끝나지 않았고, 또 저희가 아무런 죄악도 저지르지 않았음을 아시고 이 몸을 환생시켜 당신과 지내며 잠시 시름을 잊게 해 주신 것이었어요. 그러나 인간 세상에 오랫동안 머물면서 산 사람을 미혹시킬 수는 없답니다."

최 씨는 시녀를 시켜 술을 올리게 하고는 「옥루춘」에 맞추어 노래를 부르면서 이생에게 술을 권하였다.

– 〈 중략 〉 –

최 씨는 한 마디씩 노래를 부를 때마다 눈물을 삼키느라 곡조를 제대로 이어 가지 못하였다. 이생도 슬픔을 걷잡지 못하여 말하였다.

"내 차라리 당신과 함께 저세상으로 갈지언정 어찌 무료히 홀로 살아남을 수 있겠소? 지난번 난리를 겪은 후 친척과 종들이 뿔뿔이 흩어지고, 돌아가신 부모님의 유해가 들판에 버려져 있을 때 당신이 아니었다면 누가 부모님을 묻어 드릴 수 있었겠소? 옛 성현이 말씀하시기를 '어버이 살아계실 때는 예로써 섬기고, 돌아가신 후에는 예로써 장사 지내야 한다.'고 했는데 당신의 천성이 효성스럽고 인정이 두터웠기 때문에 이런 일을 다 처리할 수 있었던 것이오. 당신의 정성에 너무도 감격하지만 한편으로는 나 자신에 대한 부끄러움을 참을 길이 없었소. 부디 그대는 인간 세상에 더 오래 머물다가 백 년 후 나와 함께 흙으로 돌아가시구려."

최 씨가 대답하였다.

"당신의 목숨은 아직도 한참 더 남아 있지만 저는 이미 귀

신의 명부에 이름이 실렸으니 이곳에 더 오래 머물 수가 없답니다. 만약 제가 굳이 인간 세상을 그리워하며 미련을 두어 운명의 법도를 어기게 된다면 단지 저에게만 죄과가 미치는 게 아니라 당신에게도 누를 끼치게 될 거예요. 다만 제 유해가 아무 곳에 흩어져 있으니 만약 은혜를 베풀어 주시려면 그것이나 거두어 비바람과 햇볕 아래 그냥 나뒹굴지 않게 해 주세요."

두 사람은 서로 바라보며 눈물만 줄줄 흘렸다.

"서방님, 부디 몸 건강하세요."

말을 마친 최 씨의 자취가 점차 희미해지더니 마침내 ㉡흔적도 없이 사라져 버렸다.

– 김시습, 「이생규장전」

1. 이 글에 대한 설명으로 옳지 않은 것은?

① 조선후기 가전체문학 형성에 영향을 주었다.
② 한문 소설집인 「금오신화」에 수록되어 있다.
③ 비현실적이고 신비로운 내용을 보여주고 있다.
④ 남녀 간의 사랑을 그린 애정소설·명혼소설이다.

2. ㉠, ㉡에 어울리는 한자성어로 옳은 것은?

	㉠	㉡
①	상전벽해(桑田碧海)	회자정리(會者定離)
②	문전성시(門前成市)	신출귀몰(神出鬼沒)
③	두문불출(杜門不出)	홍로점설(紅爐點雪)
④	부화뇌동(附和雷同)	지리멸렬(支離滅裂)

3. ( )안에 들어갈 단위어로 옳지 않은 것은?

- 바늘 한 ( )이 필요하다.
- 한약 한 ( )을 지어 왔다.
- 김 한 ( )을 다 먹어버렸다.
- 오징어 한 ( )에 얼마입니까

① 첩   ② 접
③ 쌈   ④ 톳

| 4 ~ 5 | 다음 글을 읽고 물음에 답하시오.

㉮
유리에 차고 슬픈 것이 어른거린다.
열없이 붙어서서 입김을 흐리우니
길들은 양 언 날개를 파닥거린다.
지우고 보고 지우고 보아도
새까만 밤이 밀려 나가고 밀려 와 부딪치고,
물 먹은 별이, 반짝, 보석처럼 박힌다.
밤에 홀로 유리를 닦는 것은
외로운 황홀한 심사이어니,
고운 폐혈관(肺血管)이 찢어진 채로
아아, 너는 산(山)새처럼 날아갔구나!

        - 정지용, 「유리창1」

㉯
나 하늘로 돌아가리라
새벽빛 와 닿으면 스러지는
이슬 더불어 손에 손을 잡고,

나 하늘로 돌아가리라
노을빛 함께 단 둘이서
기슭에서 놀다가 구름 손짓하면은,

나 하늘로 돌아가리라
아름다운 이 세상 소풍 끝내는 날,
가서, 아름다웠더라고 말하리라……

        - 천상병, 「귀천」

4. ㉮와 ㉯의 공통점에 대한 설명으로 옳은 것은?

① 사물이나 현상을 통해 화자의 감정을 표현하였다.
② 특정한 어미를 반복하여 화자의 강한 의지를 드러내었다.
③ 동일한 시행을 일정한 위치에 반복하여 리듬감을 형성하였다.
④ 공감각적 심상을 통해 화자의 정서를 효과적으로 표현하였다.

5. ㉯에 대한 감상으로 옳은 것은

① 죽음에 대한 공포를 의식하면 삶이 더욱 소중하게 느껴지겠어.
② 자연친화적으로 살면 오래 살고자 하는 욕망을 실현할 수 있겠어.
③ 의지적인 마음으로 살면 결국은 죽지 않는다는 사실을 알 수 있겠어.
④ 원래 있던 곳으로 돌아가는 것이 죽음이라면 긍정적으로 생각할 수 있겠어.

6. 〈보기〉를 참고할 때 밑줄 친 부분의 표준 발음으로 옳지 않은 것은?

〈보기〉
[제12항] 받침 'ㅎ'의 발음은 다음과 같다.
1. 'ㅎ(ㄶ, ㅀ)' 뒤에 'ㄱ, ㄷ, ㅈ'이 결합되는 경우에는 뒤 음절 첫소리와 합쳐서 [ㅋ, ㅌ, ㅊ]으로 발음한다.
2. 'ㅎ(ㄶ, ㅀ)' 뒤에 'ㅅ'이 결합되는 경우에는 'ㅅ'을 [ㅆ]으로 발음한다.
3. 'ㅎ' 뒤에 'ㄴ'이 결합되는 경우에는 [ㄴ]으로 발음한다.
4. 'ㅎ(ㄶ, ㅀ)' 뒤에 모음으로 시작된 어미나 접미사가 결합되는 경우에는 'ㅎ'을 발음하지 않는다.

① 책은 여기에 놓고[노코] 들어오세요.
② 난 당신과 더 이상 싸우기 싫소[실쏘].
③ 시간이 흐를수록 사람은 추억을 쌓네[싼네].
④ 방문의 턱이 오래되어 닳아[달아] 없어졌다.

7. 〈보기〉를 참고한 표준 발음이 옳지 않은 것은?

〈보기〉
[제17항] 받침 'ㄷ, ㅌ(ㄾ)'이 조사나 접미사의 모음 'ㅣ'와 결합되는 경우에는 [ㅈ, ㅊ]으로 바꾸어서 뒤 음절 첫소리로 옮겨 발음한다.

① 땀받이[땀바지]
② 홑이불[호치불]
③ 붙이다[부치다]
④ 벼훑이[벼훌치]

| 8 ~ 10 | 다음 글을 읽고 물음에 답하시오.

언제 어디서 샀는지도 알 수 없지만, 우리 집에도 헌 비닐 우산이 서너 개나 된다. 아마도 길을 가다가 갑자기 비를 만나서 내가 사 들고 온 것들일 게다. 하지만 그 가운데 하나나 제대로 쓸 수 있을까 그래도 버리긴 아깝다.
비닐우산은 참 볼품없는 우산이다. 눈만 흘겨도 금방 부러져 나갈 듯한 살이며, 당장이라도 팔랑거리면서 살을 떠날 듯한 비닐 덮개며, 한 군데도 탄탄한 데가 없다. 그러나 그런 대로 우리의 사랑을 받을 만한 덕(德)을 갖추고 있기 때문에, 아주 몰라라 할 수만은 없는 우산이기도 하다.
우리가 길을 가다가 갑자기 비를 만날 때, 가난한 주머니로 손쉽게 사 쓸 수 있는 우산은 이것밖에 없다. 물건에 비해서 값이 싼지 비싼지 그것은 알 수 없지만, 어떻든 일금 백 원으로 비를 안 맞을 수 있다면, 이는 틀림없이 비닐우산의 덕이

아니겠는가

값이 이렇기 때문에 어디다 놓고 와도 섭섭하지 않은 것이 또한 이 비닐우산이다. 가령 우리가 퇴근길에 들른 대폿집에다 베 우산을 놓고 나왔다. 이렇게 생각해 보라. 우리의 대부분은 버스를 돌려타고 그리로 뛰어갈 것이다. 그것은 물론 오래 손때 묻어 정이 들었기 때문이기도 하겠지만, 그러나 백 원짜리라면 아마도 그러지 않았을 것이다. 그래서 고가(高價)의 베 우산을 받고 나온 날은 어디다 그 우산을 놓고 올까 봐 신경을 쓰게 된다. 하지만 하루 종일 썩인 머리로 대포 한잔 하는 자리에서까지 우산 간수 때문에 걱정을 할 수는 없지 않은가? 버리고 와도 께름할 게 없는 비닐우산은 그래서 좋은 것이다.

비닐우산을 받고 위를 쳐다보면 우산 위에 떨어져 흐르는 물방울이 보인다. 그리고 빗방울이 떨어지면서 내는 그 환한 음향도 들을 만한 것이다. 투명한 비닐 덮개 위로 흐르는 물방울의 그 맑고 명랑함, 묘한 리듬을 만들어 내는 빗소리의 그 상쾌함, 단돈 백 원으로 사기에는 너무 미안한 예술이다.

바람이 좀 세게 불면 비닐우산은 홀딱 뒤집히기도 한다. 그것을 바로잡는 한동안, 비록 옷은 다소의 비를 맞는다 하더라도 우리는 즐거운 짜증을 체험할 수 있고, 또 행인들에게 가벼우나마 한때의 밝은 미소를 선사할 수 있어서 좋다. 그날이 그날인 듯, 개미 쳇바퀴 돌듯 하는 우리의 재미없는 생활 속에, 그것은 마치 반 박자짜리 쉼표처럼 싱그러운 변화를 불러일으키는 것이다.

- 〈 중략 〉 -

비닐우산은 참 볼품없는 우산이다. 한 군데도 탄탄한 데가 없다. 그러나 버리기에는 너무나도 아름다운 효용성이 있음으로 하여 두고두고 보고 싶은 우산이다. 그리고 값싼 인생을 살며, 조금만 바람이 불어도 넘어질 듯한 부실한 사람, 그런 몸으로나마 아이들의 머리 위에 내리는 찬비를 가려 주려고 버둥대는 삶, 비닐우산은 어쩌면 나와 비슷한 데도 적지 않은 것 같아서, 때때로 혼자 받고 비 오는 길을 쓸쓸히 걷는 우산이기도 하다.

- 정진권, 「비닐우산」

8. 이 글의 갈래상 특징으로 옳은 것은

① 일정한 형식에 얽매이지 않고 자유롭게 표현한다.

② 단어의 배열과 반복, 사건의 흐름에 따라 운율을 형성한다.

③ 필자의 생각을 전달할 허구적 인물을 내세워 사건을 진행한다.

④ 모든 사건은 등장인물을 통해 관객 앞에서 현재형으로 표현한다.

9. 밑줄 친 '비닐우산'이 글 전체에서 의미하는 것 으로 옳지 않은 것은?

① 값이 싸서 손쉽게 구입할 수 있다.

② 튼튼하지 않아 바람이 불면 즐거운 변화를 느낄 수 있다.

③ 투명한 비닐로 인해 빗소리의 아름다움을 체험할 수 있다.

④ 화려하고 소중한 용도로 쓰이기 때문에 항상 분실에 대한 걱정이 있다.

10. 이 글에 드러난 필자의 생각으로 옳은 것은

① 비닐우산의 특징을 통한 사회의 변화 모습

② 비닐우산의 볼품없는 모습 속에서 발견한 아름다운 효용성

③ 베 우산보다 간수에 신경 써야 하는 비닐우산의 진정한 가치

④ 과거의 비닐우산을 미래에도 효과적으로 활용할 수 있는 방안

┃11~12┃ 다음 글을 읽고 물음에 답하시오.

A : 안녕하세요. 아시다시피 다음 달에 우리 복지관에서 플리마켓 행사를 계획하고 있는데요. 이를 성황리에 개최하기 위해 어떻게 해야할지 이야기해 봅시다.

B : 제 생각에는 적극적으로 홍보를 하는 것이 중요하다고 봅니다.

C : 네, 맞아요. 우리 복지관이 지역적으로 소외되어 있어 일반 시민들의 관심이 적은 것이 현실이에요.

A : 좋습니다. 그러면 어떻게 홍보를 해야 할까요

B : 일단 다른 플리마켓 행사들은 어떻게 홍보를하는지 참고해 보면 좋을 것 같습니다.

A : 다른 지역에서 열리고 있는 플리마켓들을 참고로 하여 우리 복지관 행사에 맞는 것은 수용하고 더 나은 방향으로 개선하면 좋겠네요.

B : 네, 그리고 요즘 젊은 사람들은 SNS 활동을 많이 하니깐 SNS를 통한 홍보도 좋을 것 같습니다.

C : 저는 반대합니다. 최근 SNS로 인한 폐해가 뉴스에 많이 나오고 있는 상황에서 성급하게 SNS에 글을 올리는 것은 위험하다고 생각합니다.

B : 네, 그런 우려도 있겠지만 수익금 전액을 장애인들을 위해 기부한다는 플리마켓의 취지를 밝히면서 시간, 장소와 같은 객관적인 정보만 제공한다면 큰 문제는 없을 것 같은데요.

C : 안됩니다! 저는 지난주에 SNS에 아무 생각없이 글을 올렸다가 악플 때문에 큰 스트레스를 받았어요. B가 왜 그러는지 이해할 수가 없네요. 저는 도저히 받아들일 수 없습니다.

A : 자, 진정하시고요. 그럼 우리 홍보물에 들어갈 홍보문구를 한 번 생각해볼까요

B : 먼저 우리 복지관 플리마켓의 취지가 들어가야 하겠지요.

C : 맞습니다. 그리고 추가하여 비유적 표현을 써서 일반 시민들이 더 공감할 수 있도록 하면 좋을 것 같습니다.

A : 네, 알겠습니다. 그럼 두 분 의견을 참고하여 홍보문구를 만들어 보도록 하지요.

11. 위 대화의 목적으로 옳은 것은?

① 복지관이 지역적으로 소외된 이유에 대해 분석하고 있다.

② 복지관에서 실시된 플리마켓 행사의 결과에 대해 평가하고 있다.

③ 플리마켓 행사를 성공적으로 개최하기 위한 홍보전략을 논의하고 있다.

④ SNS를 통해 복지관을 효과적으로 홍보할 수 있는 방법에 대해 설명하고 있다.

12. C의 말하기 태도에 대한 설명으로 옳은 것은?

① 대화의 주제를 부정하며 다른 주제를 제안하고 있다.

② B의 제안에 대해 모두 반대를 하며 현실적인 대안을 제시하고 있다.

③ B의 발언에 대해 자신의 경험을 바탕으로 감정적인 반응을 보이고 있다.

④ 대화의 끝부분에 새로운 인물을 소개하여 대화를 더욱 풍성하게 만들고 있다.

13. 밑줄 친 부분의 어법이 옳은 것은?

① <u>작업양</u>이 많아 힘들었다.

② 이번에는 <u>성공율</u>이 높다.

③ 이력서의 <u>공난</u>을 채웠다.

④ 물건 <u>개수</u>가 맞지 않는다.

14. 〈보기〉를 참고할 때, 표기가 옳지 않은 것은?

> 〈보기〉
> [제7항] 수컷을 이르는 접두사는 '수-'로 통일한다.
> 　예 수-나사, 수-사돈, 수-소, 수-은행나무
> 다만, 다음 단어에서는 접두사 다음에서 나는 거센소리를 인정한다. 접두사 '암-'이 결합되는 경우에도 이에 준한다.
> 　예 수-캉아지, 수-컷, 수-평아리

① 암탉　　　　　　　② 암캐

③ 암돼지　　　　　　④ 암키와

15. 다음 글에 대한 이해로 옳지 않은 것은?

> 조선시대 과거는 왕이 유교적 정치 이념을 실현하기 위해 필요한 인재를 선발하는 중요한 시험이었다. 과거는 여러 단계로 진행되는데, 시험의 최종 단계인 전시(殿試)에서는 왕이 직접 등용될 인재들에게 당대의 현안들을 책제(策題)로 제시하고, 그 해결책을 묻는 시험을 치렀다. 책제로 제시된 현안은 당시의 정치, 경제, 군사, 문화 등 사회의 거의 모든 분야에 걸쳐 있었다. 이 시험에서 예비 관리들은 현안 해결을 위한 다양한 대책들을 글로 썼는데, 이 글을 책문(策文)이라 한다.
>
> 책문은 왕이 제시한 책제에 답하는 글이기 때문에 일정한 형식에 따라 짓는다. 책문은 "신은 다음과 같이 대답합니다[臣對]."라는 말로 시작하여 "식견이 부족한 저희를 불러, 조금이나마 나라에 도움이 될 말을 들을까 하며 시험을 내시니, 죽을 각오를 하고 말씀드리겠습니다."와 같이 장황하면서도 공손하게 왕에 대한 찬사와 자신을 낮추는 겸사(謙辭)를 한다. 본문에서는 다양한 근거를 들어 책제에 대한 대책을 제시한다. 그리고 "보잘것없는 말들이지만 죽기를 각오하고 솔직한 말씀을 드립니다."라는 식의 겸사를 반복하면서 "신이 삼가 대답합니다[臣謹對]."라는 예를 갖춘 말로 마무리한다. 또한 책문을 작성할 때 글쓴이는 유교 경전과 역사서에서 근거를 찾아 답한다. 선비들에게 유교 경전은 보편적 이념을 제시한 문헌이었고, 역사서는 그 이념의 현실적 성패를 기록한 문헌이었다. 그들은 이러한 문헌들을 인용하여 이상적인 사회는 어떠해야 하며, 왕에게 필요한 것이 무엇인지를 드러내었다.
>
> 조선 선비들은 유학을 익히고 인격을 수양하면서 경륜을 쌓고, 때가 되면 과거를 통해 자신의 포부를 세상에 펼치고자 하였다. 당시 지식인 계층이었던 선비들의 출사(出仕)는 유교적 이상을 실현하기 위한 실천적 행동이었던 것이다. 책문은 출사의 최종 단계에서 왕에게 그동안 쌓아온 자신의 학식과 포부를 마음껏 펼치는 장이었다. 따라서 책문은 때로는 당대의 시대적 현안을 고민하고, 때로는 시대의 부조리를 고발하면서 새로운 시대를 열어 가려는 선비들의 포부가 담긴 글이라 할 수 있다.

① 왕이 현안에 대한 해결책을 책제로 제시하면 예비 관리들은 책문으로 답했다.

② 유교적 정치 이념을 실현하기 위한 인재를 선발하기 위해 만들어진 것이 과거이다.

③ 과거에 임한 선비는 유교적 이상을 실천하기 위한 자신의 포부를 책문에 담았다.

④ 일정한 형식을 갖추어야 하는 책문은 근거의 타당성을 높이기 위해 겸사를 적극적으로 활용한다.

(가)

어져 내 일이야 그릴 줄을 모로ᄃᆞ냐
이시랴 ᄒᆞ더면 가랴마ᄂᆞᆫ 제 구틔야
보내고 그리ᄂᆞᆫ 정(情)은 나도 몰라 ᄒᆞ노라

- 황진이

(나)

강산이 됴타 ᄒᆞᆫ들 내 분(分)으로 누얻ᄂᆞ냐
님군 은혜(恩惠)ᄅᆞᆯ 이제 더욱 아노이다
아므리 갑고쟈 ᄒᆞ야도 ᄒᆡ올 일이 업세라

- 윤선도, 「만흥」 中

16. (가)에 드러난 화자의 상황으로 옳은 것은?

① 임과의 재회 상황
② 임과의 이별 상황
③ 임과 결혼을 앞둔 상황
④ 전쟁에 참여하고자 하는 상황

17. 〈보기〉를 바탕으로 한 (나)의 주제로 옳은 것은?

〈보기〉

「만흥」은 작가가 병자호란 때 임금을 모시지 않았다는 죄목으로 유배되었다가 풀려난 뒤, 고향인 전라도 해남에서 생활할 때 지은 것이다.
작가는 혼탁한 정치적 상황으로 인해 정적들로부터 탄핵과 모함을 받아 수십 년 동안 유배와 낙향을 반복하였다.

① 임금에 대한 충성
② 세속적 삶에 대한 초월
③ 자신의 죄에 대한 억울함
④ 자연에 묻혀 사는 흥취와 만족감

과학사를 들춰 보면 기존의 학문 체계에 도전했다가 곤욕을 치른 인물들의 이야기를 자주 만날 수 있다. 대표적인 인물이 천동설을 부정하고 지동설을 주장한 갈릴레이이다. 천동설을 지지하던 당시의 권력층은 그들의 막강한 힘을 이용하여 갈릴레이를 신의 권위에 도전하는 이단자로 욕하고 목숨까지 위협했다. 갈릴레이가 영원한 침묵을 맹세하지 않고 계속 지동설을 주장했더라면 그는 단두대의 이슬로 사라졌을지도 모른다. 이처럼 천동설을 믿었던 당시의 사람들에게 갈릴레이는 진리

의 창시자가 아니라 그저 불온한 이단자에 불과했다.

당시의 사회적 통념으로 새로운 가설이 무시되고 과학의 발전이 늦춰질 뻔했던 사례가 또 있다. 1854년 8월 런던의 브로드가에 퍼진 콜레라는 불과 열흘 만에 주민 500명 이상의 목숨을 앗아 갔다. 당시 과학자들은 별다른 증거 없이 오염된 공기로 콜레라가 전염된다고 주장했다. 보통 악취가 나는 하수구나 늪지대 근방에서 전염병이 유행했기 때문에 공기로 병이 전염된다는 주장은 많은 사람의 지지를 얻었던 것이다.

그러나 영국의 의사 존 스노만은 예외였다. 그는 대담하게도 공기가 아니라 물이 콜레라균의 매개체라는 가설을 세우고 이를 입증하려고 했다. 그는 빈민가를 돌아다니면서 콜레라의 전염 양상을 관찰하고 발병자와 사망자의 집 위치를 조사하였다. 그 결과, 최초 발병자의 집 지하에 있는 정화조와 브로드가 지하에 있는 상수도의 거리가 가까운 것을 확인하였다. 이러한 자료를 근거로 그는 최초 발병자의 장에서 나온 세균이 정화조와 토양층을 통하여 브로드가의 상수도에 유입되었고, 그 상수도에서 물을 길어 먹었던 사람들이 콜레라에 감염되었다는 사실을 ⓐ밝혀내었다. 무모한 듯 보였던 존 스노의 연구는 콜레라의 전염 경로를 설명하여 콜레라 예방에 공헌했을 뿐 아니라 현대 의학의 연구 방법에도 큰 밑거름이 되었다. 만약 존 스노가 오염된 공기로 병이 전염된다는 기존의 지배적 통념에 갇혀 있었더라면 더 많은 사람들이 콜레라에 감염되어 목숨을 잃었을지 모를 일이다.

새로운 생각에 대한 너그럽지 못한 태도가 과학에서 뿐만 아니라 사회나 조직의 발전을 해치는 경우를 찾는 일은 어렵지 않다. 사회나 조직이 구축한 문화적 동질성은 구성원의 연대를 강화하고 구성원이 사회 공동의 목표에 집중하게 하는 순기능이 있지만, 기존의 제도나 학설에 도전하는 자를 처벌하려는 불합리한 면도 있기 때문이다.

그러나 지동설을 주장한 갈릴레이와 콜레라의 감염 경로를 밝힌 존 스노의 경우에서도 알 수 있듯이, 과학의 도약은 대개 이단적 발상을 통해 이루어졌다. 용기 있는 이단을 수용할 때에 발전과 도약이 가능했던 것이다. 조직과 사회도 이와 같다. 사회 혁신의 동력은 기존의 권위에 도전하는 충심 어린 이단자들로부터 나온다는 것을 기억해야 한다.

18. 이 글에 대한 설명으로 옳지 않은 것은?

① 전문가의 말을 인용하여 자신의 주장을 강화하고 있다.
② 과학적 사례를 활용하여 독자의 흥미를 유발하고 있다.
③ 연구 과정을 구체적으로 제시하여 논지를 뒷받침하고 있다.
④ 과학적 사례를 조직 및 사회에 적용하여 설득력을 높이고 있다.

19. 이 글의 내용으로 옳지 <u>않은</u> 것은?

① 갈릴레이는 신의 권위에 도전하는 이단자로 취급받았다.

② 콜레라는 오늘날 공기를 통해 전염되는 병으로 알려져 있다.

③ 존 스노는 지배적 통념에서 벗어나 콜레라의 전염 원인을 밝혀내었다.

④ 사회가 발전하기 위해서는 용기 있는 이단자의 말을 수용하는 태도도 지녀야 한다.

20. 밑줄 친 부분의 문맥적 의미가 윗글의 ㉠과 유사한 것은?

① 조명탄이 사방을 <u>밝혔다.</u>

② 밤이 어두워 촛불을 <u>밝혔다.</u>

③ 그는 사고의 원인을 <u>밝혔다.</u>

④ 돈과 지위를 지나치게 <u>밝혔다.</u>

✎ 국사

1. ㈎에 들어갈 내용으로 옳은 것은?

- 명칭 : 주먹도끼
- 발견지역 : 경기도 연천군 전곡리
- 용도 : 사냥한 짐승의 가죽을 벗기거나 나무뿌리를 캐는 등 다양하게 사용
- 생활모습 : ㈎

① 주로 동굴이나 막집에서 생활하였다.

② 빗살무늬 토기에 음식을 저장하였다.

③ 반달 돌칼을 이용하여 벼를 수확하였다.

④ 가락바퀴와 뼈바늘로 옷을 만들어 입었다.

2. 고조선을 주제로 학술 대회를 개최할 경우에 옳지 <u>않은</u> 것은?

① 진대법과 빈민 구제

② 8조법에 나타난 사회상

③ 위만의 이동과 집권 과정

④ 비파형 동검 문화권과 국가의 성립

3. ㈎에 들어갈 인물로 옳은 것은?

㈎은/는 모든 진리가 한마음에서 나온다는 일심사상을 불교의 핵심으로 여겼다. 이를 바탕으로 화쟁사상을 주장하여 종파 간 논쟁을 조화롭게 승화시키려고 하였다. 또한 중생의 마음이 부처의 마음과 다르지 않다고 생각하며, 불교의 교리를 쉬운 노래로 만들어 부르며 백성에게 아미 타신앙을 적극 전파하였다.

① 의상

② 원효

③ 혜초

④ 지눌

4. 다음 자료를 활용한 학습 주제로 옳은 것은?

> • 김부가 항복하였으므로 그를 경주의 사심관으로 삼아 부호장 이하 관직자들의 일을 살피도록 하였다. 이에 여러 공신도 이를 본받아 각각 자기 고을에 사심관이 되었다.
> • 국초에 향리의 자제를 뽑아 인질로 삼고, 또 그 고을 일의 자문에 대비하니 이를 기인이라고 하였다.

① 묘청과 서경천도운동
② 무신정권의 권력기반
③ 원의 간섭과 권문세족
④ 왕건의 호족 통제 정책

5. 밑줄 친 '왕'이 재위하던 시기에 볼 수 있었던 모습으로 옳지 않은 것은?

> 신돈은 왕에게 전민변정도감을 설치할 것을 청원하고, "근래에 기강이 파괴되어 … 공전과 사전을 권세가들이 강탈하였다. … 스스로 토지를 반환하는 자는 과거를 묻지 않는다."라고 공포하였다. 권세가들이 강점했던 전민(田民)을 그 주인에게 반환하였으므로 온 나라가 모두 기뻐하였다.

① 성리학을 공부하는 신진사대부
② 쌍성총관부를 공격하는 고려군대
③ 노비안검법 실시를 반대하는 호족
④ 국왕의 개혁 정치에 반대하는 권문세족

6. (가)국가에서 볼 수 있는 모습으로 옳은 것은?

(가) 의 문화유산
(가) 의 예술은 통일과 균형의 미를 통해 불국토의 이상 세계를 실현하려는 의도를 잘 보여주고 있다. 특히 불상과 탑, 범종 등 불교 미술에서 뛰어난 솜씨를 발휘하였는데, 가장 대표적인 것이 불국사와 석굴암이다.

① 골품제를 비판하는 6두품
② 성균관에서 공부하는 학생
③ 삼강행실도 편찬을 알리는 관리
④ 팔만대장경 간행에 참여하는 승려

7. (가)국가에 대한 설명으로 옳은 것은?

〈(가)의 발전 과정〉

대조영 - 동모산에서 건국

↓

무왕 - 인안이라는 연호사용

↓

문왕 - 3성 6부 체제 정비

① 신성 지역으로 소도를 두었다.
② 낙랑과 왜에 철을 수출하였다.
③ 전성기에 해동성국으로 불렸다.
④ 왕의 칭호로 마립간을 사용하였다.

8. (가)에 들어갈 군대의 이름으로 옳은 것은?

그림은 윤관이 9성을 개척하고 고려의 땅이라고 새긴 비석을 세우는 장면이다. 윤관은 12세기 초 여진이 부족을 통일하고 국경을 침범하자 (가)을/를 편성하여 여진을 정벌하고 동북 지방 일대에 9성을 쌓았다.

① 별기군   ② 별무반
③ 삼별초   ④ 훈련도감

9. 고려시대 (가)신분에 대한 설명으로 옳은 것은?

> • 귀족 : 왕족, 고위 관리
> • 중류층 : 향리, 남반, 하급 장교
> • 양민 : (가)
> • 천민 : 공·사노비

① 대다수는 백정이라 불리는 농민이었다.
② 음서, 공음전 등을 통해 많은 특권을 누렸다.
③ 재산으로 간주되어 매매, 상속, 증여가 가능하였다.
④ 중간 계층으로 지배기구의 말단 행정 실무를 담당하였다.

10. 밑줄 친 '우리 임금'의 재위 기간에 있었던 사실로 옳은 것은?

> 우리 임금은 각 도의 감사에게 명령하여 여러 고을의 나이 든 농부를 찾아 농사 경험을 듣게 하고, 신하 정초와 변효문에게 필요한 것만 뽑아 한 편의 책으로 엮고, 제목을 「농사직설」이라 하였다.

① 청해진이 설치되었다.
② 탕평비가 건립되었다.
③ 전시과가 시행되었다.
④ 칠정산이 편찬되었다.

11. 대동법에 대한 설명으로 옳지 않은 것은?

① 경기도에서 처음 실시되었다.
② 공인이 등장하는 배경이 되었다.
③ 공납을 토지 결수에 따라 부과한 것이다.
④ 부족한 재정을 보충하기 위해 지주에게 결작을 부과하였다.

12. 다음 제도를 실시한 왕의 정책으로 옳은 것은?

> 젊은 문신들이 급제한 후 낡은 관념에 젖어 새로운 것을 잘 받아들이지 않고, 고루한 습관이 몸에 배어 고치기 어렵다. 이에 37세 이하 문신 중에서 선발하여 교육하는 새로운 제도를 시행하고자 하니 선발된 문신들의 강학은 규장각에서 실시한다.

① 장용영을 설치하였다.
② 집현전을 설치하였다.
③ 4군 6진을 개척하였다.
④ 경국대전을 편찬하였다.

13. (가)의 영향으로 옳은 것은?

> **(가)의 발발**
> • 배경 : 청이 조선에 군신 관계를 요구하였으나 조선이 이를 거부함
> • 전개 : 인조가 남한산성에서 항전하였으나 삼전도에서 청에 항복함

① 사화가 일어났다.
② 북벌운동이 추진되었다.
③ 이자겸의 난이 일어났다.
④ 망이·망소이가 봉기하였다.

14. 다음 화폐를 발행한 원인으로 옳은 것은?

> 당백(當百)은 상평통보보다 100배의 가치가 있다는 뜻이다. 그러나 당백전은 실제 가치가 상평통보의 5~6배에 불과하였고, 대량으로 발행되면서 화폐 유통 질서가 혼란에 빠져 물가가 폭등하였다.

① 은 본위 화폐제도를 확립하였다.
② 왕권 회복을 위해 경복궁을 중건하였다.
③ 재정 확충을 위해 호포제를 실시하였다.
④ 일본에게 3포를 개방해 제한된 교역을 허용하였다.

15. (가)지역에 대한 탐구 활동으로 옳은 것은?

> '서쪽은 압록강, 동쪽은 토문강'이라는 백두산정계비문 해석을 둘러싸고 팽팽하게 맞선 가운데 [(가)]의 귀속 문제는 확실한 결론을 맺지 못하였다.

① 시마네현 고시 내용을 조사해본다.
② 안용복의 활동 내용에 대해 조사해본다.
③ 영국이 불법 점령한 지역을 조사해본다.
④ 일본이 만주 철도 부설권을 얻어낸 배경을 조사해본다.

16. (가)단체에 대한 설명으로 옳은 것?

> – 동아리 발표회 –
>
> 우리 동아리에서 [(가)]에 대한 보고서를 발표하고자 하니 많은 참여 바랍니다.
> • 발표 주제
> – 독립문 건립 과정
> – 헌의 6조의 내용 분석
> – 중추원 관제 개정 배경
> • 날짜 : 2019년 9월 ○○일
> • 장소 : ○○ 고등학교 대강당

① 만세보를 발행하였다.
② 형평운동을 전개하였다.
③ 만민공동회를 개최하였다.
④ 고종 강제 퇴위 반대운동을 주도하였다.

17. 밑줄 친 '시기'에 볼 수 있는 모습으로 옳은 것?

조선 태형령이 시행되던 <u>시기</u>에는 어떤 일이 있었을까?

헌병이 일반 경찰 업무에 관여했어.

① 국가 총동원법 제정을 알리는 관리
② 화폐 정리 사업을 추진하는 메가타
③ 제복을 입고 칼을 차고 다니는 교사
④ 브나로드 운동에 대한 기사를 쓰는 언론인

18. 다음 단체에 대한 설명으로 옳은 것?

> • 조직 : 김원봉, 윤세주 등을 중심으로 만주지린에서 비밀 결사로 조직
> • 활동 : 박재혁(부산경찰서), 김익상(조선총독부), 김상옥(종로경찰서), 나석주(동양척식주식회사) 등의 폭탄 투척 의거

① 물산 장려 운동을 펼쳤다.
② 봉오동 전투에서 큰 승리를 거두었다.
③ 삼균주의를 기본 이념으로 수용하였다.
④ 조선혁명선언을 활동 지침으로 하였다.

19. 8·15 광복 이후 일어난 사건을 시간 순서대로 나열한 것?

> 가. 5·10 총선거 실시
> 나. 모스크바 3국 외상회의
> 다. 남북연석회의 개최
> 라. 제1차 미·소공동위원회 개최

① 나 – 가 – 다 – 라
② 나 – 라 – 가 – 다
③ 나 – 라 – 다 – 가
④ 라 – 나 – 다 – 가

20. 다음 선언이 발표되었던 사건에 대한 설명으로 옳은 것?

> • 마산, 서울, 기타 각지의 학생 데모는 주권을 빼앗긴 국민의 울분을 대신하여 궐기한 학생들의 순진한 정의감의 발로이며 부정과 불의에 항거하는 민족 정기의 표현이다.
> • 3·15 선거는 불법 선거이다. 공명 선거에 의하여 정·부통령 선거를 다시 실시하라.

① 신간회의 주도로 추진되었다.
② 이승만 대통령이 하야하였다.
③ 유신 헌법의 철폐를 주장하였다.
④ 대통령 직선제 개헌을 이끌어냈다.

1. 대기권의 특징에 대한 설명으로 옳은 것은?

① 오존층은 중간권에 있다.

② 대류권에서는 기상 현상이 나타난다.

③ 열권은 대류권과 중간권 사이에 있다.

④ 성층권에서는 높이 올라갈수록 기온이 낮아진다.

2. 다음은 생활 속 충격에 관련한 설명이다. 두 설명에 대한 공통된 과학적 근거로 옳은 것은?

> • 야구공을 받을 때 손을 뒤로 빼면서 받아 충격을 완화한다.
> • 자동차에 에어백 설치를 의무화해서 사고로부터 사람을 보호한다.

① 물체의 질량이 클수록 관성은 커진다.

② 물체의 위치에너지와 운동에너지의 합은 일정하다.

③ 두 물체 사이에 힘은 언제나 쌍으로 작용하며 힘의 크기는 같고 방향은 반대이다.

④ 물체가 받는 충격량이 같을 때, 충격이 작용하는 시간이 길수록 단위 시간 당 힘의 크기가 작아진다.

3. 생명체에서 일어나는 화학 반응과 효소에 대한 설명으로 옳지 않은 것은?

① 효소의 주성분은 단백질이다.

② 효소는 반응을 촉진하는 물질이다.

③ 반응 전후에 효소의 양은 일정하다.

④ 효소는 반응의 활성화 에너지를 증가시킨다.

4. ( )에 해당하는 우리나라 국가 기관으로 옳은 것은?

> ○○법원은 「노동조합 및 노동관계조정법」 제△△조의 일부 내용에 대해서 ( )에 위헌 법률 심판을 제청하였다. 이에 대해 ( )은/는 해당 조문이 '법치 국가 원리로부터 도출되는 책임주의 원칙에 위배'된다고 하여 위헌 결정을 하였다.

① 국회

② 대법원

③ 헌법재판소

④ 중앙선거관리위원회

5. 다음 두 사례에서 갑과 을이 행사한 기본권에 대한 공통된 설명으로 옳은 것은?

> • 갑은 만 19세가 되어 이번 대통령 선거에 처음으로 투표하게 되었다.
> • 평소 소방공무원이 되고 싶었던 을은 이번 시험에 합격하여 소방공무원으로서의 직무를 수행할 수 있게 되었다.

① 국가의 정치적 의사 형성 과정에 참여하는 권리이다.

② 다른 기본권을 보장하기 위한 수단적 성격의 권리이다.

③ 인간다운 생활의 보장을 국가에 요구할 수 있는 권리이다.

④ 국가 권력에 의한 부당한 침해를 배제하는 방어적 권리이다.

6. 다음 표는 노트북을 구입하기 위해 예산의 범위 안에서 각 상품의 만족도를 작성한 것이다. 이에 대한 분석으로 옳은 것은?

상품＼기준	합계 (100점)	성능 (40점)	서비스 (30점)	디자인 (30점)
A	90	35	30	25
B	70	30	20	20
C	85	30	25	30

※ ( )안의 점수는 기준별 만족도의 만점임

① A를 선택할 경우 기회비용은 B의 70점이 된다.

② 디자인을 고려하지 않으면 선택의 결과가 달라질 것이다.

③ 가격이 동일하다면 A를 선택하는 것이 합리적 선택이다.

④ 가격이 동일할 때 C를 선택하면 기회비용이 가장 적다.

7. 다음 글의 밑줄 친 ㉠ ~ ㉣에 대한 설명으로 옳은 것은?

> 문화 변동의 요인은 크게 내재적 요인과 외재적 요인으로 구분할 수 있다. 문화 변동의 내재적 요인으로는 ㉠발명과 ㉡발견이 있다. 그리고 외재적 요인으로는 매개체나 인적 교류 등을 통해 다른 사회로부터 새로운 문화 요소가 전달되는 ㉢전파가 있다. 오늘날에는 국가 간 활발한 교류와 대중 매체의 발달 등에 따라 문화 전파가 ㉣문화변동의 가장 큰 요인으로 작용하고 있다.

① ㉠의 사례로는 불, 과학법칙 등이 있다.
② ㉡은 원래 존재하지 않았던 새로운 것을 만들어 내는 것이다.
③ ㉣의 양상으로는 문화 병존, 문화 융합, 문화 동화 등이 있다.
④ 중국에서 인적 교류를 통해 한자와 불교가 우리나라로 들어온 것은 ㉢의 사례 중 간접 전파에 해당한다.

8. 다음 글에서 주장하는 내용으로 옳은 것은?

> 고정적인 생업[항산:恒産]이 없어도 도덕적인 마음[항심:恒心]을 잃지 않는 것은 오직 선비들뿐입니다. 일반 백성들은 고정적인 생업이 없으면 흔들림 없는 도덕적인 마음도 없어집니다. 그러므로 지혜로운 왕은 백성들의 생업을 제정해 주되 반드시 위로는 부모를 섬기기에 충분하게 하고, 아래로는 자녀를 먹여 살릴 만하게 하여 풍년에는 언제나 배부르고 흉년에는 죽음을 면하게 합니다.
>
> — 맹자(孟子), 「맹자」

① 행복을 결정하는 것은 개인의 노력뿐이다.
② 백성들이 나라를 다스리는 것이 바람직하다.
③ 군주는 백성들의 경제적 안정을 위해 힘써야 한다.
④ 고용의 안정과 개인의 도덕성은 별개로 보아야 한다.

9. 다음 글에서 주장하는 내용으로 옳은 것은?

> 생태계 전체를 하나의 유기체로 보고 공동체의 범위를 동물, 식물, 토양, 물을 비롯한 대지까지 확대하는 입장이다.
> 대지를 경제적 가치로만 보는 것이 아니라 무생물과 생물 즉 식물, 동물 등이 유기적으로 연결되어 균형을 이루며 살아가는 생명 공동체로 여긴다.
>
> — 레오폴드, 「대지 윤리」

① 동·식물만의 생명 중심주의에 해당한다.
② 인간은 다른 존재들보다 우월한 존재이다.
③ 인간과 자연은 상호 영향을 주고받는 존재이다.
④ 이분법적 세계관을 바탕으로 인간과 자연을 분리한다.

10. 다음 글에 공통적으로 나타난 인간 행복의 조건으로 옳은 것은?

> • 나는 선을 행하는 것이 인간의 마음을 엿볼 수 있는 가장 참된 행복임을 알고 있으며, 실제로 그렇게 느낀다.
>
> — 루소
>
> • 2003년 미시간대학 연구팀은 423쌍의 장수 부부들의 공통점을 발견했다. 이들이 정기적으로 몸이 불편하거나 가족이 없는 사람들을 방문하여 돕고 있다는 것이다. 사람은 남을 돕고 난 후에는 심리적 포만감인 헬퍼스 하이(Helper's High)를 느끼는데, 이때 즐거움을 느끼게 하는 엔도르핀(endorphine)의 분비는 정상치의 3배 이상 상승하고, 타액 속의 바이러스와 싸우는 면역 항체의 수치도 높아진다. 이는 결국 인간이 더불어 살 때 행복한 존재라는 사실을 보여 준다.
>
> — EBS 지식 채널 e 「작은 힘 1부」中

① 각종 복지 정책 시행
② 도덕적 실천과 봉사
③ 고용안정과 물질적 풍요
④ 국민들의 정책 결정 참여

11. 가연물의 종류에 따른 화재의 분류로 옳지 않은 것은?

① A급 화재 – 일반화재
② B급 화재 – 유류화재
③ C급 화재 – 가스화재
④ D급 화재 – 금속화재

12. 화재예방, 소방시설 설치·유지 및 안전관리에 관한 법률 및 같은 법 시행령상 소화활동설비에 해당하지 않는 것은?

① 제연설비
② 소화용수설비
③ 연소방지설비
④ 무선통신보조설비

13. 특정소방대상물의 관계인이 소방안전관리자를 선임한 경우에는 선임한 날부터 며칠 이내에 소방 본부장 또는 소방서장에게 신고하여야 하는가?

① 5일

② 7일

③ 14일

④ 21일

14. 소방기본법 및 같은 법 시행규칙상 화재조사에 관한 내용으로 옳지 않은 것은?

① 화재조사는 화재진압이 완료되는 즉시 실시되어야 한다.

② 소방서와 보험회사는 화재원인조사를 위해 협력해야 한다.

③ 화재조사에는 화재원인조사 뿐만 아니라 화재 피해조사도 포함된다.

④ 화재조사 담당 공무원은 발화원인 파악을 위해 관계인에게 질문할 수 있다.

15. 소방기본법 및 같은 법 시행규칙상 소방신호의 종류로 옳지 않은 것은?

① 발화신호

② 소화신호

③ 훈련신호

④ 해제신호

16. 화재예방, 소방시설 설치·유지 및 안전관리에 관한 법률 및 같은 법 시행령상 피난구조설비 중 인명구조기구에 해당하지 않는 것은?

① 방열복

② 인공소생기

③ 공기호흡기

④ 공기안전매트

17. 포소화약제 혼합방식 중 펌프와 발포기의 중간에 설치된 벤추리관의 벤추리작용에 의해 포소화약제를 흡입·혼합하는 방식은?

① 펌프 프로포셔너 방식(Pump Proportioner Type)

② 라인 프로포셔너 방식(Line Proportioner Type)

③ 프레저 프로포셔너 방식(Pressure Proportioner Type)

④ 프레저 사이드 프로포셔너 방식(Pressure Side Proportioner Type)

18. 재난 및 안전관리 기본법상 긴급구조기관에 해당하지 않는 것은?

① 소방청

② 소방서

③ 해양경찰청

④ 해양수산부

19. 다음은 특수 화재현상에 대한 설명이다. (   )안의 내용으로 옳게 짝지어진 것은?

- 실내 화재 시 흔히 나타나는 양상으로서 미연소 가스층에 복사열로 뜨거워진 실 전체가 순식간에 화염에 휩싸이는 현상을 (ㄱ)라 한다.
- 밀폐된 공간에서 화재가 발생하여 산소 농도 저하로 불꽃은 내지 못하지만 가연물질의 열분해로 가연성 가스가 축적되고, 갑자기 출입문 등이 개방되는 경우 신선한 공기가 유입되어 폭발적으로 연소가 진행되는 현상을 (ㄴ)라 한다.

	(ㄱ)	(ㄴ)
①	플래시오버	백드래프트
②	백드래프트	보일오버
③	롤오버	플래시오버
④	보일오버	백드래프트

20. 재난 및 안전관리 기본법상 자연재난에 해당 하는 것은?

① 황사

② 붕괴

③ 교통사고

④ 환경오염사고

✏️ 국어

|1~2| 다음 글을 읽고 물음에 답하시오.

주제문 : 문화재 관리가 필요하다.

Ⅰ. 서론
　1. 허술한 문화재 관리 실태
Ⅱ. 본론
　1. 문화재 관리가 안 되는 이유
　　1) 허술한 문화재 관련 법안
　　2) 기관별 개별적인 문화재 관리
　　3) 전문성 없는 문화재 관리 사업
　2. 체계적인 문화재 관리를 위한 방안
　　1) 문화재 관련 법률안 개정
　　2) 종합적인 문화재 관리 시스템 마련
　　3) 전문 인력 양성
Ⅲ. 결론
　　　　　　　　(가)

1. 이 글을 검토한 내용으로 옳지 않은 것은?

① 주제문을 고려할 때 글쓴이는 정부나 담당기관을 대상으로 한 글을 계획하고 있군.
② 본론 전체의 구성을 보니, 이 개요는 문제와 문제해결방법을 탐색하고 있군.
③ '본론 1'과의 일관성을 고려하여 '본론 2'에 종합적인 문화재 관리 시스템 마련의 문제점을 추가할 수 있겠군.
④ 개요를 토대로 통계 자료나 도표를 활용하면 독자의 이해를 도울 수 있겠군.

2. (가)에 들어갈 말로 옳은 것은?

① 기관별 개별적인 문화재 관리가 중요하다.
② 문화재 관리 사업을 위해 전문적 인력을 양성해야 한다.
③ 개별적인 관리를 위해 문화재 관련 법률을 제정해야 한다.
④ 체계적이고 전문적인 문화재 관리 제도의 마련이 시급하다.

|3~4| 다음 글을 읽고 물음에 답하시오.

모란이 피기까지는
나는 아직 나의 봄을 기다리고 있을 테요.
모란이 뚝뚝 떨어져 버린 날,
나는 비로소 봄을 여읜 설움에 잠길 테요.
오월 어느 날, 그 하루 무덥던 날,
떨어져 누운 꽃잎마저 시들어 버리고는
천지에 모란은 자취도 없어지고,
뻗쳐오르던 내 보람 서운케 무너졌느니,
모란이 지고 말면 그뿐, 내 한 해는 다 가고 말아.
삼백예순 날 하냥 섭섭해 우옵내다.
모란이 피기까지는
나는 아직 나의 봄을 기다리고 있을 테요, ㉠찬란한 슬픔의 봄을.

　　　　　　　　　　　　– 김영랑, 「모란이 피기까지는」

3. 이 시에 대한 설명으로 옳은 것은?

① 과장적인 표현을 통해 골계미를 불러일으키고 있다.
② 화자의 시선이 먼 곳에서 가까운 곳으로 바뀌고 있다.
③ 과거를 되돌아보며 자아 성찰의 의지를 보여주고 있다.
④ 직접적인 정서의 표출을 통해 화자의 내면을 드러내고 있다.

4. ㉠과 같은 표현을 사용한 예로 옳은 것은?

① 피부의 바깥에 스미는 어둠 / 낯설은 거리의 아우성 소리
② 바다는 뿔뿔이 / 달아날랴고 했다. / 푸른 도마뱀떼 같이 재재 발렀다.
③ 분분한 낙화…. / 결별이 이룩하는 축복에 싸여 / 지금은 가야할 때.
④ 한 줄의 시는커녕 / 단 한 권의 소설도 읽은 바 없이 그는 한평생을 행복하게 살며 / 많은 돈을 벌었고 / 높은 자리에 올라 / 이처럼 훌륭한 비석을 남겼다.

내가 최근 몇 년 이래 독서에 관해 자못 깨달은 점이 있다. 한갓 읽기만 해서는 비록 날마다 백 번 천 번을 읽는다 해도 읽지 않은 것과 마찬가지다. 무릇 독서란 매번 한 글자를 읽을 때마다 뜻이 분명치 않은 부분이 있으면 널리 살펴보고 자세히 궁구하여 그 근원 되는 뿌리를 얻어야 한다. 그래야만 차례대로 글을 이룰 수 있다. 날마다 이렇게 한다면 한 종류의 책을 읽더라도 곁으로 백 종류의 책을 아울러 살피게 될 뿐 아니라 그 책의 내용도 환하게 꿰뚫을 수 있게 될 터이니, 이 점을 알아두지 않으면 안 된다.

예를 들어 사기의 「자객열전」을 읽는다고 하자. '조제(祖祭)를 지낸 뒤 길에 올랐다(旣祖就道).'라는 한 구절을 마주하게 되면, "조(祖)란 것은 무슨 말입니까"라고 묻지 않겠니? 그러면 선생님께서는 "전별할 때 지내는 제사니라."라고 말씀하실 게다. "꼭 조(祖)라고 말하는 것은 어째서입니까"라고 다시 물으면, 선생님은 "잘 모르겠다."라고 하시겠지. 그런 뒤에 돌아와 집에 이르면 사전을 꺼내서 조(祖) 자의 본래 의미를 살펴보아라. 또 사전을 바탕으로 다른 책에 미쳐서 그 풀이와 해석을 살펴 말의 뿌리를 캐고, 그 작은 의미까지 모아야 한다. 여기에다 「통전(通典)」이나 「통지(通志)」, 「통고(通考)」같은 책에서 '조제'의 예법을 살펴 차례대로 모아 책을 만들면 길이 남을 책이 될 것이다. 이렇게 한다면 전에는 한 가지도 제대로 알지 못하던 네가 이날부터는 조제의 내력에 완전히 능통한 사람이 되겠지. 비록 큰 학자라 하더라도 조제 한 가지 일에 관해서는 너와 다투지 못하게 될테니 어찌 큰 즐거움이 아니겠느냐?

주자의 격물(格物)하는 공부도 다만 이 같을 뿐이었다. 오늘 한 가지 사물을 궁구하고, 내일 한 가지 사물을 캐는 사람도 또한 이렇게 해서 시작했다.

'격(格)'이란 말은 밑바닥까지 다 캐낸다는 뜻이니, 밑바닥까지 다 캐지 않는다면 또한 유익되는 바가 없을 것이다.

5. 이 글의 논지 전개 방식으로 옳지 않은 것은?

① 구체적인 사례를 들어 자신의 주장을 독자에게 설명하고 있다.

② 전개되는 내용과 상반되는 주장을 추가하여 설명을 보충하고 있다.

③ 가상의 대화 상황을 설정하여 자신의 주장을 독자가 이해하도록 하고 있다.

④ 성인의 방법과 자신이 주장하는 방법이 같음을 들어 주장을 강화하고 있다.

6. 이 글에 대한 이해로 옳은 것은?

① 하나의 책이라도 여러 번 읽으면 여러 권의 책을 읽은 것과 같은 깨달음을 얻을 수 있다.

② 독서를 하면서 생긴 의문을 풀기 위해 관련된 다른 책을 읽으면 공부의 깊이가 깊어진다.

③ 단어가 지닌 작은 의미에 집착하지 말고 그것이 쓰이는 폭넓은 의미를 이해할 때 더 큰 깨달음을 얻을 수 있다.

④ 독서를 할 때에는 그 책에 대한 다른 사람들의 해석을 참고하려 하기보다는 자신만의 깨우침을 얻는 것에 초점을 누어야 한다.

7. 〈보기〉에서 ㉠의 예로 옳은 것은?

〈보기〉
형태소는 일정한 뜻을 지닌 최소 단위이다. 형태소 중에는 다른 말의 도움 없이 홀로 쓰일 수 있는 형태소도 있고, 반드시 다른 말에 기대어 쓰이는 형태소도 있다. 즉 ㉠자립 형태소는 앞뒤에 다른 형태소가 직접 연결되지 않아도 문장에서 쓰일 수 있지만, 의존 형태소는 앞뒤에 적어도 하나의 형태소가 연결되어야만 문장에서 쓰일 수 있다.

① 그는 점순이가 준 <u>햇</u>감자를 먹지 않았다.

② 그들은 손을 맞<u>잡은</u> 채로 등산을 시작했다.

③ 지희는 그 사람 됨됨이 <u>하나</u>만 믿고 결혼을 했다.

④ 떡볶이를 먹고 혀가 얼얼해서 물을 한 모금 <u>머금</u>고 있다.

유명한 인류 언어학자인 워프는 "언어는 우리의 행동과 사고의 양식을 결정하고 주조(鑄造)한다."라고 하였다. 이것은 우리가 실세계를 있는 그대로 보고 경험하는 것이 아니라 언어를 통해 인식한다는 의미이다. 예를 들어, 광선이 프리즘을 통과할 때 나타나는 색깔인 무지개색이 일곱 가지라고 생각하는 것은 우리가 색깔을 분류하는 말이 일곱 가지이기 때문이라는 것이다.

우리 국어에서 초록, 청색, 남색을 모두 푸르다(또는 파랗다)고 한다. '푸른(파란) 바다', '푸른(파란) 하늘'등의 표현이 그것을 말해 준다. 그러므로 어린 아이들이 흔히 이 세 가지 색을 혼동하고 구별하지 못하는 일도 있다. 분명히 다른 색인데도 한 가지 말을 쓰기 때문에 그 구별이 잘 안 된다는 것은, 말이 우리의 사고를 지배한다는 의미가 된다. 말을 바꾸어서 우리는 언어를 통해서 객관의 세계를 바라보기 때문에 우리가 보고 느끼는 세계는 있는 그대로의 객관의 세계라기보다, 언어에 반영된 주관 세계라는 것이다. 이와 같은 이론을 '언어의 상대성 이론'이라고 부른다.

그러나 실제로는 언어가 그만큼 우리의 사고를 철저하게 지배하는 것은 아니다. 물론 언어상의 차이가 다른 모양의 사고 유형이나, 다른 모양의 행동 양식으로 나타나는 것은 사실이지만 그것이 절대적인 것은 아니다. 앞에서 말한 색깔의 문제만해도 어떤 색깔에 해당되는 말이 그 언어에 없다고 해서 전혀 그 색깔을 인식할 수 없는 것은 아니다. 진하다느니 연하다느니 하는 수식어를 붙여서 같은 종류의 색깔이라도 여러 가지로 구분하는 것이 그 한 가지 사례이다. 물론, 해당 어휘가 있는 것이 없는 것보다 인식하기에 빠르고 또 오래 기억할 수 있지만 해당 어휘가 없다고 해서 인식이 불가능한 것은 아니다.

8. 이 글의 주제로 옳은 것은?

① 언어와 사고의 관계
② 문법 구조와 사고의 관계
③ 개별 언어의 문법적 특성
④ 언어가 사고 발달에 주는 영향

9. 〈보기〉를 통해, 워프의 견해에 제기할 수 있는 의문으로 옳은 것은?

〈보기〉

생후 12개월이 된 사촌동생은 아직 말을 하지 못한다. 자기가 갖고 싶은 물건이 있으면 엄마 손을 끌어당겨 그 물건이 있는 데까지 가고, 엄마가 자기 뜻대로 해주지 않으면 울음을 터뜨린다.

① 언어 없이도 사고를 할 수 있지 않을까
② 언어 표현은 개인 특성을 드러내지 않을까
③ 언어가 있어야 정확한 의사 표현이 가능하지 않을까
④ 언어 발달 단계는 사람에 따라서 차이가 있지 않을까

10. 〈보기〉의 ㉠ ~ ㉣에 대한 설명으로 옳지 않은 것은?

〈보기〉

높임법은 화자가 높이려는 대상이 누구인지에 따라 주체 높임법, 객체 높임법, 상대 높임법으로 구분된다. 주체 높임법은 주어의 지시 대상을 높이는 것이며, 객체 높임법은 문장의 목적어나 부사어의 지시 대상을 높이는 것이며, 상대 높임법은 말을 듣는 상대인 청자를 높이거나 낮추는 것이다.

동생 : (현관문 열며) 친구랑 영화 잘 보고 왔습니다.
형 : 이제 ㉠들어오는구나.
동생 : 형만 집에 있어? ㉡어머니는 안 계신 거야?
형 : 응, 우리끼리 피자 주문해서 먹자. ㉢아까 어머니께 말씀드렸어.
동생 : 근데 돈은 있어?
형 : 응, 있지. ㉣어머니께서 너랑 같이 피자 먹으라고 카드 주셨어.

① ㉠은 '-는구나'를 사용해 상대인 동생을 낮추고 있다.
② ㉡은 '계시다'를 사용해 주체인 어머니를 높이고 있다.
③ ㉢은 '께'를 사용해 객체인 어머니를 높이고 있다.
④ ㉣은 '께서'를 사용해 객체인 어머니를 높이고 있다.

11 ~ 12 다음 글을 읽고 물음에 답하시오.

(가)

십 년(十年)을 경영(經營)ᄒ여 초려 삼간(草廬三間) 지여 내니
나 ᄒ 간 ᄃ 흔 간에 청풍(淸風) 흔 간 맛져 두고
강산(江山)은 들일 ᄃ 업스니 둘러 두고 보리라

　　　　　　　　　　　　　　　　　　　　　　　　　　－ 송순

(나)

가시리 가시리잇고 나ᄂ
ᄇ리고 가시리잇고 나ᄂ
위 증즐가 大平盛代(대평셩ᄃ)
날러는 엇디 살라 ᄒ고
ᄇ리고 가시리잇고 나ᄂ
위 증즐가 大平盛代(대평셩ᄃ)
잡사와 두어리마ᄂᄂ
선ᄒ면 아니 올셰라
위 증즐가 大平盛代(대평셩ᄃ)
셜온 님 보내ᄋ노니 나ᄂ
가시ᄂ 듯 도셔 오쇼셔 나ᄂ
위 증즐가 大平盛代(대평셩ᄃ)

　　　　　　　　　　　　　　　　　　　　　　　　　　－ 작자미상

11. (가)에 대한 이해로 옳지 않은 것은?

① 화자와 자연과의 합일이 나타난다.

② 화자는 자연에 은거하는 삶을 지향한다.

③ 화자는 검소한 삶을 오랫동안 추구했다.

④ 화자가 추구한 이상과 현실 간의 괴리가 나타난다.

12. 〈보기〉를 참고할 때, (나)의 1연에 나타난 율격 구조와 다른 것은?

〈보기〉
「가시리」에서 화자의 목소리는 점층과 반복의 수사로 드러난다. 이러한 수사는 우리의 전통 문학에서 흔히 드러나는 것으로, 정서 및 태도를 표현하는 데 있어 효과적일 뿐만 아니라 율격을 형성하는 요소로 작용한다.

① 기심 매러 갈 적에는 갈뽕을 따 가지고 기심 매고 올 적에는 올 뽕을 따 가지고

② 해야 솟아라. 해야 솟아라. 말갛게 씻은 얼굴 고운 해야 솟아라.

③ 형님 온다 형님 온다 분 고개로 형님 온다 형님 마중 누가 갈까 형님 동생 내가 가지

④ 나는 왕이로소이다. 나는 왕이로소이다. 어머님의 가장 어여쁜 아들 나는 왕이로소이다.

13. 밑줄 친 단어의 품사가 나머지와 다른 것은?

① 꿈을 <u>꿈</u>과 동시에 노력이 뒤따라야 한다.

② 갑자기 어린아이의 <u>울음</u> 섞인 목소리가 들려왔다.

③ 친구는 서로 <u>믿음</u>으로써 평생을 함께하는 존재이다.

④ 그녀는 많이 <u>앎</u>에도 불구하고 그것을 표현할 수 없었다.

14. 〈보기〉를 읽고, 보인 반응으로 옳지 않은 것은?

〈보기〉
교사 : 어간에 어미가 붙어 활용될 때에, 어간이나 어미의 형태가 일정하게 유지되지 못하고 그 형태의 변화를 예측하지 못하는 것을 '불규칙 활용'이라고 합니다. 그중, '르' 불규칙 활용과 '러' 불규칙 활용에 대해 다음의 밑줄 친 사례를 통해 알아봅시다.
* '르' 불규칙 활용
　• 흐르다 : 강물이 <u>흐르고</u> <u>흘러</u> 바다에 닿았다.
　• 이르다 : 그는 나에게 도착 시간을 <u>일러</u> 주었다.
* '러' 불규칙 활용
　• 푸르다 : 하늘은 푸르고 <u>푸르러</u> 눈이 시릴 지경이었다.
　• 이르다 : 목적지에 <u>이르러</u> 우리는 가방을 벗었다.

① '르' 불규칙 활용은 활용의 과정에서 어간의 형태만 바뀐다.

② 형태가 같더라도 의미가 다르면 불규칙 활용의 양상이 다를 수 있다.

③ '시험을 치르다'의 '치르다'를 '러' 불규칙 활용의 예로 추가할 수 있다.

④ '르' 불규칙 활용과 '러' 불규칙 활용 모두 어간이 '르'로 끝나는 용언에서 일어난다.

15~16 다음 글을 읽고 물음에 답하시오.

몸을 웅크리고 가마니 속에 쓰러져 있었다. ㉠한 시간 후면 모든 것은 끝나는 것이다. 손과 발이 돌덩어리처럼 차다. 허옇게 흙벽마다 서리가 앉은 깊은 움 속, 서너 길 높이에 통나무로 막은 문 틈 사이로 차가이 하늘이 엿보인다. 퀴퀴한 냄새가 코를 찌른다. 냄새로 짐작하여 그리 오래 된 것 같지는 않다. '누가 며칠 전까지 있었던 모양이군, 그놈이나 매한가지지' 하고 사닥다리를 내려서자마자 조그만 구멍으로 다시 끌어올리며 서로 주고받던 그자들의 대화가 아직도 귀에 익다. 그놈이라고 불린 사람이 바로 총살 직전에 내가 목격하고 필사적으로 놈들의 사수(射手)를 향하여 방아쇠를 당겼던 그 사람이었을까⋯⋯. 만일 그 사람이 아니었다면 또 어떤 사람이었을까⋯⋯. 몸이 떨린다. 뼈 속까지 얼음이 박힌 것 같다.

소속 사단은? 학벌은? 고향은? 군인에 나온 동기는? 공산주의를 어떻게 생각하시오? 미국에 대한 감정은? 그럼⋯⋯ 동무의 말은 하나도 이치에 정치 않소. 동무는 아직도 계급의식이 그대로 남아 있소. 출신 계급을 탓하지는 않소. 오해하지 마시오. 그 근성이 나쁘다는 것뿐이오. 다시 한 번 생각할 여유를 주겠소. 한 시간 후 동무의 답변이 모든 것을 결정지을 거요.

몽롱한 의식 속에 갓 지나간 대화가 오고 간다. 한 시간 후면 모든 것은 끝나는 것이다. 사박사박, 걸음을 옮길 때마다 발밑에 부서지는 눈, 그리고 따발 총구를 등 뒤에 느끼며 앞장서 가는 인민군 병사를 따라 무너진 초가집 뒷담을 끼고 이 움 속 감방으로 오던 자신이 마음속에 삼삼히 아른거린다. 한 시간 후면 나는 그들에게 끌려 예정대로의 둑 길을 걸어가고 있을 것이다. 몇 마디 주고받은 다음, 대장은 말할 테지. 좋소. 뒤를 돌아다보지 말고 똑바로 걸어가시오. 발자국마다 사박사박 눈 부서지는 소리가 날 것이다. 아니, 어쩌면 놈들은 내 옷이 탐이 나서 홀랑 발가벗겨서 걷게 할지도 모른다(찢어지기는 하였지만 아직 색깔이 제 빛인 미(美) 전투복이니까⋯⋯). 나는 발가벗은 채 추위에 살이 빨가니 얼어서 흰 둑길을 걸어간다. 수발의 총성. 나는 그대로 털썩 눈 위에 쓰러진다. 이윽고 붉은 피가 하얀 눈을 호젓이 물들여 간다. 그 순간 모든 것은 끝나는 것이다. 놈들은 멋쩍게 총을 다시 거꾸로 둘러메고 본대로 돌아들 간다. 발의 눈을 털고 추위에 손을 비벼 가며 방안으로 들어들 갈 테지. 몇 분 후면 그들은 화롯불에 손을 녹이며 아무 일도 없었던 듯 담배들을 말아 피우고 기지개를 할 것이다. 누가 죽었건 지나가고 나면 아무 것도 아니다. 그들에겐 모두가 평범한 일들이다. 나만이 피를 흘리며 흰 눈을 움켜쥔 채 신음하다 영원히 묵살되어 묻혀 갈 뿐이다. 전 근육이 경련을 일으킨다. 추위 탓인가⋯⋯. 퀴퀴한 냄새가 또 코에 스민다. 나만이 아니라 전에도 꼭 같이 이렇게 반복된 것이다. 싸우다 끝내는 죽는 것, 그것뿐이다. 그 이외는 아무것도 없다. 무엇을 위한다는 것, 그것도 아니다. 인간이 태어난 본연의 그대로 싸우다 죽는 것, 그것뿐이라고 생각하였다.

북으로 북으로 쏜살같이 진격은 계속되었다. 수차의 전투가 일어났다. 그가 인솔한 수색대는 적의 배후 깊숙이 파고 들어갔다. 자주 본대와의 연락이 끊어지기 시작하였다.

－ 오상원, 「유예」

15. 이 글의 서술 방법으로 옳은 것은?

① 인물 간 대화를 중심으로 사건을 전개하고 있다.
② 인물의 대화나 행동이 의식 속에 용해되어 나타난다.
③ 구체적인 사건을 통하여 인물 간 갈등이 드러나고 있다.
④ 순차적으로 사건을 제시하여 인물이 처한 상황을 객관적으로 묘사하고 있다.

16. 밑줄 친 ㉠의 문맥적 의미로 옳은 것은?

① 적에게 사로잡혀 움 속으로 끌려 들어갈 것이다.
② 눈이 덮인 흰 둑길 위에서 잔인하게 총살될 것이다.
③ 적의 사수(射手)를 향해 필사적으로 방아쇠를 당길 것이다.
④ 강추위와 적들의 고문에 내 몸뚱이가 견뎌 내지 못할 것이다.

17~18 다음 글을 읽고 물음에 답하시오.

공방의 성질이 탐욕에 물들어서 부끄러운 구석이 별로 없었다. 재정을 도맡아 관리하게 되자 원금과 이자를 가볍게 했다 무겁게 했다 하는 등 법을 저울질해 분별하기를 좋아하였다. 그러면서 생각하기를, "나라를 편하게 해 주는 데는 꼭 예전처럼 흙을 굽거나 쇠를 부어 넣는 기술만 있는 것은 아니야."하고, 백성을 상대로 사소한 이익을 다투게 되자 물가는 내리거니 오르거니 했다. 곡식을 천히 여기고 돈을 중히 생각하니 백성들로 하여금 근본을 버리고 말단을 따르게 함으로써 농사를 가로막게 되었다. 이때 간관들이 여러 번 상소하여 따지려 하였지만 위에서 들어 주지 아니하였다.

공방은 또 권세 있고 지체 귀한 자들을 수단 좋게 섬겼다. 그 문전에 드나들며 ㉠권력을 끌어들여 벼슬을 팔아넘겼으니 승진하고 쫓겨나는 일이 그의 손바닥 안에 달려 있었다. 공경들도 대부분 지조를 버리고 그를 섬기매 쌓이고 긁어모은 어음이 산과 같아 이루 헤아릴 수가 없었다. 그가 접촉하고 만나는 모든 대상에 있어서 그 잘나고 못나고를 묻지 않았으니, 아무리 시정에 물든 이라도 재산만 정말 넉넉한 사람 같으면 다 더불어 교제를 청하였으니, 이른바 '시정배의 사귐'이란 것이었다.

때로는 마을의 불량한 젊은 놈들과 상종하여 바둑을 두고 놀이를 일삼았다. 사람 사귀기를 자못 좋아하매 그때 사람들이 그것을 두고, "공방의 말 한 마디는 황금 백 근의 무게와도 같다." 하고 말했던 것이다.

[중략 부분의 줄거리] 공방이 죽은 뒤 당나라 이전 시기까지 공방의 무리를 다시 등용해야 한다는 여론이 종종 나타나기는 했지만, 실제 등용으로 이어지지는 못했다.

때는 공방이 몰락한 지 이미 오래라, 조정에서는 사방에 흩어져 옮겨 있던 그의 문도들을 물색하여 찾아서 다시 기용하였다. 그랬던 까닭에 그의 재간과 방법이 개원·천보의 사이에 크게 행하여졌고, 황제의 조서로 그에게 벼슬을 추증하였다.

사신(史臣)은 말한다.

"남의 신하가 된 몸으로서 두 마음을 품고 큰 이익만을 좇는 자를 어찌 충성된 사람이라 고하랴. 공방이 올바른 법과 좋은 주인을 만나서, 정신을 집중시켜 자기를 알아주었던 나라의 은혜를 적지 않게 입었다. 그러면 의당 국가를 위하여 이익을 일으켜 주고, 해를 덜어 주어서 임금의 은혜로운 대우에 보답했어야 했다. 그런데도 공방은 나라의 권세를 독차지하고 사리사욕을 채웠으니, 이는 신하로서 지녀야 할 마음가짐에 어긋난다."

– 임춘, 「공방전」

17. 이 글에 대한 이해로 옳지 않은 것은?

① 의인화된 대상을 통해 주제를 드러내고 있다.

② 직접 제시를 통해 주인공의 성격을 드러내고 있다.

③ 주인공의 신이한 행적을 강조해 영웅적 면모를 드러낸다.

④ 사신(史臣)의 이야기를 통해 작가의 생각을 드러내고 있다.

18. 밑줄 친 ㉠을 뜻하는 한자성어로 옳은 것은?

① 매관매직(賣官賣職)

② 괄목상대(刮目相對)

③ 수주대토(守株待兎)

④ 남부여대(男負女戴)

19. 〈보기〉에서 밑줄 친 ㉠의 예로 옳지 않은 것은?

〈보기〉
음운 변동이란 어떤 음운이 일정한 환경에서 변화하는 현상을 의미한다. 음운 변동 중 하나의 예로 ㉠음운 축약이 있다. 자음 축약의 경우 'ㄱ, ㄷ, ㅂ, ㅈ'과 'ㅎ'이 만나면 축약되어 거센소리 'ㅋ, ㅌ, ㅍ, ㅊ'이 된다. 모음 축약의 경우 모음 'ㅣ'나 'ㅗ, ㅜ'가 다른 모음과 결합하여 이중모음을 이루게 된다.

① 그는 대학교에 가서 법학을 전공했다.

② 게임이 아무리 좋아도 자제도 할 줄 알아야 한다.

③ 할머니께서는 그에게 초상화를 그려 주길 부탁하셨다.

④ 생일날 친구들이 한 명도 빠짐없이 와서 기분이 유쾌했다.

20. 〈보기〉는 한글 맞춤법의 일부이다. 이를 통해 알 수 있는 내용으로 옳은 것은?

〈보기〉
제23항 '-하다'나 '-거리다'가 붙은 어근에 '-이'가 붙어서 명사가 된 것은 그 원형을 밝히어 적는다.
　　㉠꿀꿀이, 오뚝이
제51항 부사의 끝음절이 분명히 '이'로만 나는 것은 '-이'로 적고, '히'로만 나거나 '이'나 '히'로 나는 것은 '-히'로 적는다.
　1. '이'로만 나는 것
　　㉡깨끗이, 나붓이
　2. '히'로만 나는 것
　　㉢극히, 급히
　3. '이, 히'로 나는 것
　　㉣솔직히, 가만히

① '머리가 덥수룩이 나다'의 '덥수룩이'는 ㉠에 적용된 규정을 따른 것이다.

② '비녀를 반듯이 찌르다'의 '반듯이'는 ㉡에 적용된 규정을 따른 것이다.

③ '쓸쓸히 퇴장하다'의 '쓸쓸히'는 ㉢에 적용된 규정을 따른 것이다.

④ '엄격히 다스리다'의 '엄격히'는 ㉣에 적용된 규정을 따른 것이다.

✎ 국사

1. ㈎ 시대의 특징으로 옳은 것은?

> ㈎ 시대의 사람들은 다양한 형태와 용도를 가진 간석기를 사용하였다. ㈎ 시대의 대표적인 토기인 빗살무늬 토기는 서울 암사동, 경남 김해 등 한반도 전역에서 출토되었으며, 대부분 강가나 바닷가에서 발견되었다.

① 계급 사회로 발전하였다.
② 비파형 동검을 제작하였다.
③ 무리를 지어 이동 생활을 하였다.
④ 어로가 발달하고 농경이 시작되었다.

2. ㈎ 국가에 대한 설명으로 옳은 것은?

> ㈎은/는 토지가 비옥하고 해산물이 풍부하였는데, 특히 특산물로 단궁, 과하마, 반어피 등의 특산물이 많이 생산되었다. 10월에는 무천이라는 제천 행사를 열었다.

① 책화의 풍습이 있었다.
② 서옥제라는 혼인 풍속이 있었다.
③ 철이 많이 생산되어 이를 화폐처럼 사용하였다.
④ 신지, 읍차 등으로 불리는 군장 세력이 성장하였다.

3. ㈎에 들어갈 왕의 업적으로 옳은 것은?

광개토대왕	㈎	문자(명)왕
재위 : 391 ~ 413	재위 : 413 ~ 491	재위 : 491 ~ 519

① 신라에 침입한 왜를 물리쳤다.
② 국내성에서 평양으로 수도를 옮겼다.
③ 건원이라는 독자적인 연호를 사용하였다.
④ 왕의 칭호를 마립간에서 왕으로 바꾸었다.

4. 다음의 상황이 전개된 시기에 있었던 사실로 옳은 것은?

> 무열왕계의 권력 독점에 불만을 품은 진골 귀족이 대대적인 반란을 일으켰다. 무열왕계의 전제 왕권은 무너지고, 이후 왕위 쟁탈전이 치열하게 전개되었다. 귀족은 대농장을 차지하고 사병을 기르며 사치와 향락에 빠져들었다. 귀족의 가혹한 수취를 견디지 못한 농민은 노비나 초적으로 몰락했고, 마침내 곳곳에서 봉기가 일어났다.

① 진대법이 시행되었다.
② 교정도감이 설치되었다.
③ 삼국유사가 저술되었다.
④ 선종 불교가 크게 유행하였다.

5. 고려 성종의 업적으로 옳은 것은?

① 과전법을 실시하였다.
② 사심관 제도를 실시하였다.
③ 12목에 지방관을 파견하였다.
④ 광덕, 준풍 등 독자적인 연호를 사용하였다.

6. 다음 사건이 발생한 시기에 있었던 사실로 옳은 것은?

> 사노 만적 등 6인이 북산에서 나무하다가 공·사노비들을 불러 모의하였다. "나라에서 경인·계사년 이후로 고관이 천민과 노비에서 많이 나왔다. 공경장상의 씨가 따로 있으랴, 때가 오면 누구나 할 수 있다. 우리만 어찌 뼈 빠지게 일하겠는가! …(중략)… 주인들을 죽이고 노비 문서를 불태워 이 땅의 천민을 없애면 우리도 공경장상이 될 수 있다."라고 말하였다.
> – "고려사" –

① 노비안검법이 시행되었다.
② 직지심체요절이 간행되었다.
③ 무신들이 권력을 장악하였다.
④ 최승로의 시무 28조가 수용되었다.

7. 밑줄 친 왕의 업적으로 옳은 것은?

> 왕이 일개 승려에 불과하던 신돈에게 국정을 맡겼다. 신돈은 "오늘날 나라의 법이 무너져 나라의 토지와 약한 자들의 토지를 힘 있는 자들이 모두 빼앗고, 양민을 자신의 노예로 삼고 있다. …(중략)… 스스로 토지를 반환하는 자는 과거를 묻지 않는다."라고 공포하였다.
>
> – "고려사" –

① 별무반을 창설하였다.

② 팔만대장경을 간행하였다.

③ 시정 전시과를 시행하였다.

④ 정동행성 이문소를 폐지하였다.

8. 다음의 업적을 남긴 왕에 대한 설명으로 옳은 것은?

> • 홍문관을 설치하였다.
> • 관수관급제를 시행하였다.
> • 동국여지승람, 국조오례의 등을 편찬하였다.

① 칠정산을 편찬하였다.

② 별기군을 조직하였다.

③ 6조 직계제를 시행하였다.

④ 경국대전을 완성해 반포하였다.

9. 다음과 관련된 사건으로 인해 발생한 사화는?

> 김종직은 초야의 미천한 선비로 세조 시기 과거에 급제하였다. 성종 시기에 발탁되어 경연에 두어 오랫동안 시종의 자리에 있었다. 형조 판서에 이르러서는 은총이 온 조정을 기울게 하였다. …(중략)… 지금 김종직의 제자 김일손이 찬수한 사초에 부도한 말로써 선왕 대의 일을 거짓으로 기록하고, 스승 김종직의 '조의제문(弔義帝文)'을 실었도다.
>
> – "연산군일기" –

① 무오사화   ② 갑자사화

③ 기묘사화   ④ 을사사화

10. (가)에 들어갈 기구의 명칭으로 옳은 것은?

> 〈 (가) 〉
>
> 본래 왜구와 여진족에 대비해 군사 문제를 논의하는 임시 회의 기구로 설치되었지만, 왜란을 겪으면서 구성원이 확대되고 국정을 총괄하는 역할을 맡게 되었다. 이에 따라 왕권이 약화되고 의정부와 6조의 행정 체계도 유명무실해졌다.

① 승정원   ② 의금부

③ 비변사   ④ 춘추관

11. (가) 제도에 대한 설명으로 옳은 것은?

> 양난 이후 정부는 농촌 사회의 안정을 꾀하고, 국가 재정 기반을 확대하기 위하여 수취 체제를 개편하였다. (가)은/는 광해군 시기에 공납의 폐단을 극복하고 국가 재정을 보충하고자 경기도에서 처음 실시되었다.

① 공인이 등장하는 계기가 되었다.

② 양반의 군역 면제 특권이 사라졌다.

③ 일부 상류층에게 선무군관포를 거두었다.

④ 풍흉에 상관없이 토지 1결당 쌀 4두를 거두었다.

12. (가) 왕의 재위 기간에 있었던 사실로 옳은 것은?

> (가)은/는 성균관 앞에 "두루 사랑하고 편당하지 않는 것은 군자의 공정한 마음이요, 편당하고 두루 사랑하지 않는 것은 곧 소인의 사사로운 생각이다."라는 내용이 새겨진 탕평비를 세웠다.

① 예송이 일어났다.

② 균역법이 시행되었다.

③ 경신환국이 일어났다.

④ 초계문신제가 시행되었다.

13. 세도 정치에 대한 설명으로 옳은 것은?

① 강력한 왕권으로 붕당간의 정쟁을 조정한 정치였다.

② 무신들이 중방을 중심으로 국정을 주도하면서 나타났다.

③ 순조, 헌종, 철종의 3대 60여 년 동안 외척 세력에 의해 지속되었다.

④ 학연에 따라 모인 사림이 공론을 내세워 국정을 주도하는 형태였다.

14. 밑줄 친 '이 나라'로 옳은 것은?

> 1866년 이 나라의 상선 제너럴셔먼호가 대동강을 거슬러 평양까지 올라와 통상을 요구하며 횡포를 부렸다. 이에 분노한 평양 관민은 평안 감사 박규수의 지휘하에 제너럴셔먼호를 불태워 침몰시켰다.

① 미국   ② 영국

③ 독일   ④ 프랑스

15. (가) 시기에 있었던 사실로 옳은 것은?

> **동학 농민 운동의 전개 과정**
>
> 농민군은 전주 감영에서 파견된 관군을 황토현에서 물리쳤다.
>
> ⇩
>
> (가)
>
> ⇩
>
> 전봉준의 남접 부대와 손병희의 북접 부대가 논산에서 집결하였다.

① 전라도 각 지역에 집강소를 설치하였다.

② 공주 우금치 전투에서 크게 패배하였다.

③ 보은에 집결하여 '척왜양창의'를 주장하였다.

④ 조병갑의 학정에 맞서 고부 관아를 습격하였다.

16. (가) 단체에 대한 설명으로 옳은 것은?

> 을사조약 체결 이후 합법적인 계몽 운동에 한계를 느낀 안창호, 양기탁 등은 비밀 결사인 (가)을/를 결성하였다(1907). 이들은 국권 회복과 공화 정체를 바탕으로 실력을 키워 근대 국민 국가를 건설할 것을 목표로 삼았다.

① 물산 장려 운동을 전개하였다.

② 연통제와 교통국을 조직하였다.

③ 105인 사건으로 사실상 해체되었다.

④ 조선 왕실을 복원하려는 복벽주의를 지향하였다.

17. (가)에 들어갈 신문으로 옳은 것은?

> (가)은/는 사장인 베델이 일본과 동맹을 맺은 영국 국민이어서 일제의 검열을 받지 않고 발행되었다. 이에 더해 민족의식이 투철한 박은식, 신채호 등이 논설위원으로 활동하면서 일제의 침략과 한국인의 친일 행위를 신랄하게 비판하였다.

① 한성순보   ② 황성신문

③ 제국신문   ④ 대한매일신보

18. 다음 법령이 공포된 시기의 상황으로 옳은 것은?

> 제1조 3개월 이하의 징역 또는 구류에 처하여야 할 자는 태형에 처할 수 있다.
> 제11조 태형은 감옥 또는 즉결 관서에서 비밀리에 행한다.
> 제13조 본령은 조선인에 한하여 적용한다.
> – "조선태형령"(1912) –

① 치안 유지법이 제정되었다.

② 헌병 경찰 제도를 시행하였다.

③ 조선일보와 동아일보가 창간되었다.

④ 소학교의 명칭을 국민학교로 바꾸었다.

19. 다음은 6 · 25 전쟁의 전개 과정이다. (나) 시기에 일어난 사건으로 옳은 것은?

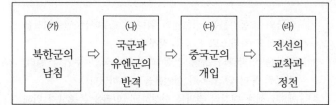

① 1 · 4 후퇴

② 반공 포로 석방

③ 미 · 소 양군 철수

④ 인천 상륙 작전 실시

20. 다음과 관련된 사건으로 옳은 것은?

> 이승만 1인 독재 체제 밑에서 참고 또 참아 오던 분노는 3 · 15 부정 선거에서 민주주의라는 이상이 비참하게 짓밟히는 것을 보았을 때 해일처럼 터지고 만 것이다. 맨주먹의 젊은 학생들이 독재의 아성을 향해 포효하며 육박하였을 때 국민이 일제히 이에 호응하였다.

① 4 · 19 혁명

② 6월 민주 항쟁

③ 제주 4 · 3 사건

④ 5 · 18 민주화 운동

1. 다음 글에서 설명하고 있는 개념으로 옳은 것은?

> 한 사회의 문화가 다른 사회의 문화로 흡수되거나 대체되는 경우이다. 남아메리카 지역 원주민들이 자신들의 언어 대신 그들을 식민 지배한 에스파냐나 포르투갈의 언어를 사용하는 경우가 해당한다.

① 문화융합

② 문화병존

③ 문화동화

④ 문화상대주의

2. 다음과 같이 주장한 인물에 대한 설명으로 옳은 것은?

> • 생산 과정을 여러 사람이 나누어 일을 완성하는 분업은 노동의 생산성을 촉진하고 개선한다.
> • 우리가 저녁을 먹을 수 있는 것은 정육점 주인과 양조업자, 빵집 주인의 자비 때문이 아니라 그들 각자가 자신의 이익에 관심을 두기 때문이다.
>
> － "국부론"

① 정부의 적극적인 시장개입을 강조하였다.

② 개인의 경제적 자율성 보장을 강조하였다.

③ 대공황 이후 뉴딜정책을 강력히 추진하였다.

④ 세계화에 따른 신자유주의 체제를 지지하였다.

3. 갑, 을의 입장으로 옳은 것은?

> • 갑 : 바람직한 소비는 원료 재배, 생산, 유통 등이 소비와 연결되어 있다는 것을 인식하고 윤리적인 판단에 따라 상품을 구매하는 것이다.
> • 을 : 바람직한 소비는 자신의 욕구와 상품에 대한 정보를 바탕으로 자신이 소유한 자원의 범위 내에서 구매하여 최대 만족을 얻는 것이다.

① 갑 : 환경과 공동체를 고려하여 물건을 구매한다.

② 갑 : 비용 대비 최대의 효용을 최우선으로 여긴다.

③ 을 : 합리적 소비보다 과시하기 위한 소비를 한다.

④ 을 : 자신의 소득 수준을 고려한 소비는 필요 없다.

4. 다음 글에서 설명하고 있는 제도의 사례로 옳은 것은?

> 사회적으로 차별받는 사회적 약자에게 다양한 측면에서 직·간접적으로 혜택을 제공하는 제도를 적극적 우대 조치라고 한다.

① 사회보험
② 혁신도시
③ 공공부조
④ 여성 할당제

5. 다음 글에서 주장하는 내용으로 옳지 않은 것은?

> 평화는 소극적 평화와 적극적 평화로 나눌 수 있다. 소극적 평화는 전쟁, 테러, 폭행 등 신체에 가하는 직접적인 폭력의 사용이나 위협이 없는 상태를 의미한다. 이와 달리 적극적 평화는 직접적 폭력뿐만 아니라 억압, 착취 등의 구조적인 폭력과 종교, 사상, 언어 등에 존재하는 문화적 폭력까지 제거하여 모든 사람이 인간답게 살아갈 삶의 조건이 조성된 상태를 가리킨다. 진정한 평화는 소극적 평화에 머무는 것이 아니라 적극적 평화를 실현하는 것이다.
> – 갈퉁(Galtung. J.) "평화적 수단에 의한 평화"

① 평화를 위해 물리적 폭력을 제거해야 한다.
② 사회적 차별은 적극적 평화를 저해할 수 있다.
③ 국제 평화는 전쟁이 없는 상태로 한정해야 한다.
④ 문화적 폭력으로 인해 삶의 질이 저하될 수 있다.

6. 밑줄 친 내용에 해당하는 역사적 사건으로 옳지 않은 것은?

> 제헌 헌법에서는 자유, 평등, 선거, 교육, 근로 등을 국민의 권리로 규정하였지만, 이를 보장하기 위한 구체적인 법률 제정이 곧바로 이어지지는 않았다. 또한 당시에는 인간의 존엄성과 가치, 행복 추구권, 인간다운 생활을 할 권리, 환경권 등이 기본권에 포함되지 않았다. 이후 수차례 헌법 개정과정을 거치면서 국민의 기본권이 크게 제한되기도 하였으나, 시민들은 민주화 운동을 통해 국민의 자유와 권리를 확보하기 위해 노력하였다.

① 10월 유신
② 4·19 혁명
③ 6월 민주 항쟁
④ 5·18 민주화 운동

7. [가 ~ 라]는 인권 보장을 위한 역사적 사건이다. 이를 발생한 순서대로 나열한 것 중 옳은 것은?

> 가. 영국의 노동자들은 선거권의 확대를 요구하는 인민헌장을 발표하고 차티스트 운동을 전개하였다.
> 나. 미국은 영국과의 독립 전쟁 과정에서 국민 주권의 원리, 저항권 등이 담긴 독립 선언문을 발표하였다.
> 다. 제2차 세계 대전의 결과를 반성하고, 인권을 존중하기 위해 국제 연합 총회에서 인권 보장의 국제 기준을 제시하였다.
> 라. 독일 바이마르 공화국은 모든 국민이 인간다운 생활을 누릴 수 있도록 하기 위해 처음으로 헌법에 사회권을 규정하였다.

① 가 – 나 – 다 – 라
② 가 – 라 – 나 – 다
③ 나 – 가 – 다 – 라
④ 나 – 가 – 라 – 다

8. 〈보기〉중 발전소에서 보내는 전력을 변화시키지 않으면서 송전과정에서 손실되는 전력을 줄일 수 있는 방법으로 옳은 것만을 고른 것은?

> 〈보기〉
> ㄱ. 송전선에 흐르는 전류의 세기를 증가시킨다.
> ㄴ. 송전선의 저항을 줄인다.
> ㄷ. 송전 전압을 낮춘다.

① ㄱ, ㄴ
② ㄱ, ㄷ
③ ㄴ
④ ㄴ, ㄷ

9. (가)와 (나)의 반응에서 산화되는 물질을 각각 찾아 바르게 나열한 것은?

> • (가) $Zn + Fe^{2+} \rightarrow Zn^{2+} + Fe$
> • (나) $Mg + Cu^{2+} \rightarrow Mg^{2+} + Cu$

	(가)	(나)
①	Zn	Mg
②	Zn	Cu^{2+}
③	Fe^{2+}	Mg
④	Fe^{2+}	Cu^{2+}

10. 수평면에 가만히 놓여있는 물체에 수평면과 나란한 방향으로 2N의 일정한 힘이 5초(s)동안 작용하였다. 물체가 받은 충격량[N s]의 크기는? (단, 모든 마찰과 공기저항은 무시한다)

① 2
② 5
③ 10
④ 20

11. 물 소화약제에 대한 설명으로 옳지 않은 것은?

① 값이 싸고 구하기 쉽다.
② B · C급 화재에 널리 쓰인다.
③ 변질 우려가 없어 장기보관이 가능하다.
④ 비열과 증발잠열이 커서 냉각효과가 크다.

12. 과열상태 탱크내부의 액화가스가 분출, 착화되었을 때 폭발하는 현상을 무엇이라 하는가?

① 블래비
② 플래시오버
③ 백드래프트
④ 슬롭오버

13. 다음 설명에 해당하는 소화방법으로 옳은 것은?

> 연소의 4요소 중 에너지를 제거, 발화점이하로 내려가게 하여 소화하는 방법을 말한다.

① 냉각소화법
② 제거소화법
③ 질식소화법
④ 부촉매소화법

14. 「의무소방대설치법령」상 의무소방원의 임무에 해당하지 않는 것은?

① 상황관리 전담
② 소방행정의 지원
③ 소방관서의 경비
④ 화재 등에 있어서 현장활동의 보조

15. 「소방기본법령」상 소방대상물이 있는 장소 및 그 이웃 지역으로서 화재의 예방 · 경계 · 진압, 구조 · 구급 등의 활동에 필요한 지역을 무엇이라 하는가?

① 소방지역
② 관계지역
③ 경계지역
④ 유효지역

16. 「소방기본법령」상 소방대원 중 의무소방원에게 실시 할 교육 · 훈련의 종류에 해당하지 않는 것은

① 화재진압훈련
② 인명구조훈련
③ 응급처치훈련
④ 소방안전교육훈련

17. 「화재예방, 소방시설 설치 · 유지 및 안전관리에 관한 법령」상 소화설비에 해당하지 않는 것은?

① 소화기구
② 자동소화장치
③ 자동화재탐지설비
④ 옥내소화전설비

18. 「위험물안전관리법령」상 위험물의 유별에 따른 성질의 분류로 옳지 않은 것은?

① 제1류 : 산화성고체
② 제2류 : 자기반응성물질
③ 제3류 : 자연발화성물질 및 금수성물질
④ 제4류 : 인화성액체

19. 「재난 및 안전관리 기본법령」에서 규정하고 있는 "사회재난"에 해당하는 것은?

> ㄱ. 지진   ㄴ. 화재
> ㄷ. 황사(黃砂)   ㄹ. 붕괴

① ㄱ, ㄴ
② ㄱ, ㄷ
③ ㄷ, ㄹ
④ ㄴ, ㄹ

20. 「화재조사 및 보고규정」상 화재원인의 판정을 위하여 전문적인 지식, 기술 및 경험을 활용하여 주로 시각에 의한 종합적인 판단으로 구체적인 사실관계를 명확하게 규명하는 것을 무엇이라 하는가?

① 조사
② 감정
③ 감식
④ 감찰

서 원 각
www.goseowon.com

의무소방원 선발
필기시험 기출문제

정답 및 해설

SEOWONGAK
(주)서원각

제32차 정답 및 해설

✏️ 국어

1 ①
① 글을 시작하는 부분에서 주제와 관련된 광고를 제시함으로써 독자의 흥미를 유발하고 있다.
②③④ 제시된 글에서 찾아볼 수 없는 전략이다.

2 ④
④ 시간의 경과에 따라 정보를 제시하는 방법은 사용되지 않았다.
① 후천적으로 색맹이 발생하는 경우에 대해 나열하여 전달하고자 하는 정보를 상세화하고 있다.
② 색각 이상의 원인을 유전적인 경우와 그렇지 않은 경우로 나누어 원인을 밝히고 내용을 구체화하고 있다.
③ 색각 이상자의 남녀 비율에 대한 구체적인 수치를 인용하여 정보의 신뢰성을 높이고 있다.

3 ②
㈎㈏ 글의 처음 부분에서 '화재 예방의 중요성과 간단한 화재 진압 방법'을 아는 것이 중요하다는 필요성을 강조하기 위해서 ㈎를 통해 현재 실태에 대해 알리고 ㈏로 화재의 피해가 큼을 인식시킨다.
㈏ 글을 위해 반드시 필요한 자료는 아니다.
㈐ 이 글의 주제에 해당하는 내용으로 글의 중간 부분에서 본격적으로 다루는 것이 적절하다.
㈑ 독자에게 실질적인 도움을 주는 자료는 글의 끝 부분에 제시한다.
㈒ 이 글은 '간단한 화재 진압 방법을 알리는 글'이므로 원인별 화재 진압 요령을 전문적으로 정리한 글은 반드시 필요한 것은 아니다. 따라서 만약 제시하고 싶다면 참고자료 등으로 활용하는 것이 적절하다.

4 ②
내일 새벽에 있을 일에 대해 이야기하고 있으므로, 미래의 사건을 이미 정해진 사실로 표현한 것으로 볼 수 있다.
※ '-았-/-었-'의 의미
　ⓐ 이야기하는 시점에서 볼 때 사건이 이미 일어났음을 나타내는 어미
　　예) 그는 집에 갔다.
　ⓑ 이야기하는 시점에서 볼 때 완료되어 현재까지 지속되거나 현재에도 영향을 미치는 상황을 나타내는 어미
　　예) 참 많이도 샀네.
　ⓒ 이야기하는 시점에서 볼 때 미래의 사건이나 일을 이미 정하여진 사실인 양 말할 때 쓰는 어미
　　예) 이렇게 방 안을 어지럽혀 놓았으니 넌 이제 아버지께 혼났다.

5 ④
[보기]의 글은 배려에 대한 내용이다. 화자는 캐나다 여행을 통해 느낀 배려에 대한 중요성을 ㈎, ㈏, ㈐를 통해 잘 풀어내고 있다.

6 ①
② 밝은 연둣빛을 <u>띤</u> 나뭇잎이 싱그럽다. →'빛깔이나 색채 따위를 가지다'의 뜻을 가진 표현은 '띠다'이다.
③ 출근을 하자마자 <u>어이없는</u> 일이 생겼다. →'일이 너무 뜻밖이어서 기가 막히는 듯하다'의 뜻을 가진 표현은 '어이없다'이다.
④ 나에게 주어진 <u>역할</u>에 최선을 <u>다할</u> 것이다. →'자기가 마땅히 하여야 할 맡은 바 직책이나 임무'의 뜻을 가진 표현은 '역할'이다. / '어떤 일을 위하여 힘, 마음 따위를 모두 들이다'의 뜻을 가진 표현은 '다하다'로 한 단어이므로 붙여 쓴다.

7 ②

② '힘들다'는 '힘이(주어) + 들다(서술어)'에서 조사가 생략된 형태로 통사적 합성어에 해당한다.

① '늦더위'는 용언의 어간(늦-)에 명사(더위)가 직접 결합한 형태로, 관형사형 어미가 생략된 비통사적 합성어에 해당한다.

③ '덮밥'은 용언의 어간(덮-)에 명사(밥)가 직접 결합한 형태로, 관형사형 어미가 생략된 비통사적 합성어에 해당한다.

④ '높푸르다'는 용언의 어간(높-)과 용언의 어간(푸르다)가 직접 결합한 형태로, 어미가 생략된비통사적 합성어에 해당한다.

8 ③

③ '어둡고 무서워'의 표현에서 화자가 느끼는 감정이 작품에 직접 드러나 있다.

① '열무 삼십 단'은 엄마가 이고 시장에 팔러 나간 것으로 '힘겹고 가난한 삶'을 의미한다.

② '배추잎 같은 발소리 타박타박'는 엄마의 발소리를 시각적으로 표현한 공감각적 표현이다.

④ '빗소리'는 화자가 처한 상황을 심화시키는 계기가 된다.

※ 기형도의 「엄마 걱정」 작품분석

  ㉠ 갈래 : 자유시, 서정시

  ㉡ 성격 : 회고적, 애상적

  ㉢ 운율 : 내재율

  ㉣ 어조 : 걱정스럽고 애틋한 어조

  ㉤ 주제 : 시장에 간 엄마를 기다리는 외롭고 슬픈 유년시절에 대한 회상

9 ②

② ㈎에서는 화자인 '내'가 '엄마'를, ㈏에서는 화자인 '아빠'가 '너'를 기다리고 있다.

① 부모의 사랑을 이야기하고 있는 것은 ㈏이다.

③ ㈎에서는 '열무'를 통해 7~9월경임을 추론해 볼 수 있지만, ㈏에서는 계절감이 전혀 드러나 있지 않다.

④ 자신의 어린 시절을 회상하고 있는 것은 ㈎뿐이다.

10 ④

④ 기본형은 '읽다'로 '읽어', '읽으니', '읽고', '읽는', '읽지' 등으로 활용하는 규칙활용이다.

① 기본형은 '묻다'로 '물어', '물으니', '묻고' 등으로 활용하는 불규칙활용이다.

② 기본형은 '짓다'로 '지어', '지으니', '짓는' 등으로 활용하는 불규칙활용이다.

③ 기본형은 '긷다'로 '길어', '길으니', '긷는' 등으로 활용하는 불규칙활용이다.

11 ②

② 이규보의 「이옥설」은 고전수필로, 개인적 체험을 통해 깨달음을 제시하고 있다.

12 ②

② 화자가 경험을 통해 얻은 깨달음이자 이 글의 주제이다.

① 행랑채란 대문간 곁에 있는 집채로 집에 포함된 것으로 볼 수 있다.

③ 해당 내용은 이 글에서 확인할 수 없다.

④ 이 글에 따르면 좋은 정치는 비가 새면 오래되기 전에 고치는 것이다.

13 ④

잘못될 것을 알면서도 머뭇거리다 나라가 위태하게 된 후에 갑자기 변경하려는 것에 대해 지적하고 있으므로, 사후약방문(死後藥方文)이 가장 적절하다.

④ **사후약방문(死後藥方文)** : 사람이 죽은 다음에야 약을 구한다는 뜻으로, 때가 지나 일이 다 틀어진 후에야 뒤늦게 대책을 세움을 비유적으로 이르는 말이다.

① **맥수지탄(麥秀之嘆)** : 기자(箕子)가 은(殷)나라가 망한 뒤에도 보리만은 잘 자라는 것을 보고 한탄하였다는 데서 유래한 것으로, 고국의 멸망을 한탄함을 이르는 말이다.

② **곡학아세(曲學阿世)** : 바른길에서 벗어난 학문으로 세상 사람에게 아첨함을 이르는 말이다.

③ **타산지석(他山之石)** : 다른 산의 나쁜 돌이라도 자신의 산의 옥돌을 가는 데에 쓸 수 있다는 뜻으로, 본이 되지 않은 남의 말이나 행동도 자신의 지식과 인격을 수양하는 데에 도움이 될 수 있음을 비유적으로 이르는 말이다.

14 ④

④ 제11항 '다만'에서 용언의 어간 말음 'ㄹ'은 'ㄱ' 앞에서 [ㄹ]로 발음한다고 하였으므로, '맑고 맑다'는 [말꼬막따]로 발음한다.

15 ③

③ 이 글은 등장인물들의 대화와 행동 묘사를 주로 사용하여 사실적이고 극적인 효과를 나타내고 있다.

※ 황석영의 「삼포 가는 길」 작품분석

ㄱ 갈래 : 현대소설
ㄴ 성격 : 현실 비판적, 사실적
ㄷ 시점 : 전지적 작가 시점
ㄹ 배경 : 시간 – 1970년대 겨울, 공간 – 삼포로 가는 길
ㅁ 제재 : 산업화 과정에서 소외된 사람들의 삶
ㅂ 주제 : 급속한 산업화 과정 속에서 고향을 떠나 떠도는 사람들이 애환과 연대의식

16 ①

'백화'가 '정씨'와 '영달'에게 자신의 본명을 이야기하는 것은, 같은 처지에 있는 사람들에 대한 유대감에서 비롯되었다고 할 수 있다.

17 ③

정씨는 고향인 삼포가 크게 변해버렸다는 얘기에 마음의 정처를 잃어버린 것 같은 느낌을 받는다. 그래서 발걸음이 내키지 않았지만, 공사판 일이라도 잡자는 영달과 함께 삼포로 가는 기차에 몸을 싣는다. 하지만 이 기차는 눈발이 날리는 어두운 들판을 향해서 달려가는 기차로, 그들이 가는 곳에서 겪을 시간들이 눈발 날리는 어두운 들판 같을 것이라는 것을 보여준다.

18 ①

제시된 글은 밀리미터파에 대해 설명하고 있는 설명문이다.

19 ③

③ 밀리미터파는 직진성과 대기 감쇠 특성 때문에 한 번에 먼 거리로 데이터를 전송하는 데 어려운 점이 있지만, 파장이 짧아 전자 회로와 안테나의 크기를 작게 만들 수 있다고 언급하고 있다.

20 ①

㉠에서 '떨어지고'는 '값, 기온, 수준, 형세 따위가 낮아지거나 내려가다'의 의미로 사용되었다. 이와 가장 가깝게 쓰인 것은 ①이다.

② '병이나 습관 따위가 없어지다'의 의미로 사용되었다.
③ '정이 없어지거나 멀어지다'의 의미로 사용되었다.
④ '지정된 신호 따위가 나타나다'의 의미로 사용되었다.

✏️ 국사

1 ③

암사동 유적은 신석기시대의 대표적인 유적지이다. 보기 중 신석기시대에 해당하는 설명은 ③이다.
① 삼국시대(신라 지증왕) ② 청동기시대 ④ 구석기시대

2 ④

제시된 내용은 신라 진흥왕의 업적이다. 보기 중 진흥왕의 업적은 ④이다.
① 고구려 소수림왕, 백제 침류왕, 신라 법흥왕
② 신라 신문왕
③ 백제 성왕

3 ④

이불병좌상은 대조영이 건국한 발해의 유물이다. 보기 중 발해에 대한 설명으로 옳은 것은 ④이다.
① 신라 ② 고려 ③ 고구려

4 ①

제시된 내용은 전시과에 대한 설명으로, 전시과는 고려시대에 관리, 공신, 관청, 기타 신분 등에 지급하던 종합적인 토지제도이다.
② **역분전** : 태조 23년(940) 후삼국 통일에 공을 세운 조신 · 군사 등에게 관계의 고하에 관계없이, 인품과 공로에 기준을 두어 지급한 수조지를 말한다. 전시과 제도 마련 전까지 존속하였던 토지제도이다.
③ **과전법** : 위화도회군으로 권력을 장악한 이성계와 신진사대부들이 주도해 공양왕 3년(1391)에 실시한 것으로 조선 초기 양반관료사회의 경제 기반이 된 토지제도이다.
④ **관료전** : 신라 신문왕 9년(689)에 중앙과 지방의 관리들에게 지급한 토지로, 관료전은 토지로부터 조세만 수취하고 사람들은 지배할 권한이 없었으며 관리는 관직에서 물러나면 반납해야 했다.

5 ①

제시된 내용은 고려시대 초 나타난 독특한 불상 양식에 대한 설명이다.
① 고려 – 논산 관촉사 석조미륵보살입상
② 신라 – 금동 미륵보살 반가 사유상
③ 고려 – 영주 부석사 소조여래좌상
④ 백제 – 서산 마애 삼존 불상

6 ②

제시된 내용은 이조 전랑직을 두고 동인과 서인이 대립한 것에 대한 설명이다. 동인과 서인은 조선시대 붕당의 한 분파이다.

7 ③

제시된 내용은 조선 후기 대표적인 실학자인 박제가의 소비론이다. 보기 중 실학에 대한 설명은 ③이다.

8 ②

프랑스와 관련된 역사적 사건이므로 보기 중 병인양요를 고를 수 있다. 병인양요는 고종 3년(1866) 흥선대원군의 천주교도 학살 · 탄압에 대항하여 프랑스 함대가 강화도에 침범한 사건으로 외규장각 도서 등 많은 문화유산을 약탈해 갔다.
① **신미양요** : 1871년 미국이 제너럴 셔먼호 사건을 빌미로 조선을 개항시키려고 무력 침략한 사건
③ **운요호 사건** : 1875년 9월에 일본 군함인 운요호가 강화도에 침입해 조선군과 일본군이 충돌한 사건
④ **제너럴 셔먼호 사건** : 1866년 미국의 상선 제너럴 셔먼호가 대동강으로 들어와 교역을 요구하며 행패를 부리다가 불태워지는 사건

9 ④

제시된 내용은 김광제, 서상돈 등이 대한매일신보를 통해 밝힌 국채보상운동의 취지이다. 국채보상운동은 1907~1908년 사이 국채를 국민들의 모금으로 갚기 위하여 전개된 국권회복운동이다.

10 ③

제시된 내용은 1930년대 이후 실시된 민족말살정책의 일환인 일본식 성명 강요(창씨개명)와 관련된 내용이다. 민족말살정책 시기에는 내선일체, 일선동조론, 황국신민화 등의 구호를 내걸고, 우리나라 말과 글을 금지하고 역사를 배울 수 없게 하였으며, 신사참배, 창씨개명 등 우리나라 민족을 말살하려는 정책을 펼쳤다.

① 1910년대 무단통치

② 한성순보 1883~1884년

④ 물산 장려 운동 1920년대

11 ②

제시된 내용은 1979년 12 · 12사태로 정권을 잡은 전두환 군사정권의 장기집권을 저지하기 위해 일어난 범국민적 민주화운동인 6월 민주 항쟁에 대한 설명이다. 6월 민주 항쟁인 4 · 13 호헌 철폐와 대통령 직선제를 요구하였으며, 이에 굴복한 전두환 정부는 대통령 직선제와 국민의 기본권 보장 등을 내용으로 하는 6 · 29 민주화 선언을 발표하였다.

12 ④

㉮ 연나라의 고조선 침략 – 기원전 400년

㉯ 고조선의 멸망 – 기원전 108년

㉢ 기원전 194년 고조선의 왕이었던 준왕은 연나라에서 천여 명의 무리를 이끌고 내려온 위만에 의해 왕위에서 물러나게 된다.

㉣ 고조선은 한반도 남쪽의 부족국가 진의 특산물을 중국의 한나라에 가져다 파는 중계 무역을 통해 막대한 이득을 얻었다.

㉠ 고조선의 8조법이 60조법으로 늘어난 것은 위만조선이 멸망하고 한사군이 세워지면서이다.

㉡ 낙랑, 진번, 현도, 임둔군의 한사군이 설치된 것은 기원전 108~107년으로 한 무제에 의해 위만조선이 멸망하고 난 후이다.

13 ②

• 장수왕 평양 천도 – 427년(장수왕 15)

㉮ 백제, 웅진으로 천도 – 475년(문주왕 원년)

• 법흥왕 불교 공인 – 528년(법흥왕 15)

• 진흥왕 순수비 건립 – 568년(진흥왕 29)

① 매소성 전투 발생 – 675년(문무왕 15)

③ 근초고왕, 마한 통합 – 369년(근초고왕 24)

④ 광개토 대왕, 백제 압박 – 392년(광개토 대왕 2)

14 ①

밑줄 친 왕은 쌍기의 건의를 받아들여 과거제를 시행한 고려의 광종이다. 보기 중 광종의 업적은 ①이다.

② 성종 ③ 최우 ④ 공민왕

15 ①

㉮는 거란이다.

㉠ 고려는 거란이 발해를 멸망시킨 것으로 인해 '금수지국(禽獸之國)'이라 부르며 적대적 태도를 보였다.

㉢ 서희는 거란의 1차 침입 때 외교적 협상으로 강동 6주를 확보하였다.

㉡ 윤관이 별무반을 편성하여 공격한 것은 여진이다.

㉣ 고려가 팔만대장경을 편찬하여 물리치고자 한 것은 몽고이다.

16 ④

㉮에 해당하는 왕은 조선의 세종이다. 보기 중 세종 재위기간에 있었던 일은 ④로 농사직설은 세종이 문신인 정초 · 변효문 등에게 명하여 편찬한 농서이다.

① 태학 – 372년 고구려 소수림왕

② 신미양요 – 1871년 조선 고종

③ 독서삼품과 실시 – 7889년 신라 원성왕

17 ③

밑줄 친 이 법은 대동법이다. 대동법은 방납의 폐단을 해결하기 위해 공물(특산물)을 쌀로 통일하여 바치게 하였다.

① 호포법 ② 양전 사업 ④ 균역법

18 ③

제시된 그림은 김홍도의 씨름이다. 제시된 기사의 내용은 조선 후기 서민들의 모습에 대한 내용으로 보기 중 관련된 것은 ③이다.

① 칠정산 – 조선 세종
② 국조오례의 – 조선 성종
④ 팔만대장경 – 고려 고종

19 ④

제시된 내용은 1919년 3·1운동 당시 민족대표 33인이 태화관에서 선언한 독립선언서의 내용이다. 3·1운동 후인 1919년 4월 11일 중국 상하이에서 임시정부 수립을 위한 회의가 열렸고 4월 13일에 임시정부가 출범하게 되었다.

① 신간회 해소 – 1931년
② 자치 운동 전개 – 1920년대
③ 13도 창의군 – 1907년

20 ②

㈎ 북한의 남침(1950. 6. 25.)
㈑ UN군 파견(1950. 7. 17.) → 인천상륙작전(9. 15.) → 서울 탈환(9. 28.) → 압록강까지 진격(10. 26.)
㈏ 중공군 개입(1950. 10. 25.) → 1·4 후퇴(1951. 1. 4.)
㈐ 38도선을 중심으로 한 치열한 전투 및 휴전(1951. 3.~1953. 7. 27.)

✎ **일반상식**

1 ④

제시된 내용은 자본주의의 여러 모순을 국가의 개입 등에 의하여 완화함으로써 자본주의 사회의 발전과 영속을 도모하려는 주장인 수정 자본주의에 대한 설명이다.

※ **자본주의의 발전 과정**
상업 자본주의(자본주의 경제 성립 초기) → 산업 자본주의(산업혁명 이후) → 독점 자본주의(19세기 말) → 수정 자본주의(20세기 초)

2 ④

㈎ 국민주권의 원리, ㈏ 권력분립의 원리
④ 국민 투표권은 대한민국 국적을 가진 일정 연령 이상의 국민이 국정(國政)의 중요한 사항에 대하여 투표할 수 있는 권리로 국민주권의 원리에 해당한다.

3 ②

제시된 내용은 배블런 효과에 대한 설명이다.
① 편승 효과(= 밴드왜건 효과) : 유행에 따라 상품을 구입하는 소비 현상
③ 스노브 효과 : 특정 상품을 소비하는 사람이 많아지면 그 상품에 대한 수요가 감소하는 현상
④ 매몰비용 오류(= 콩코드 오류) : 잘못된 투자를 정당화하기 위해 더욱 깊이 개입해 가는 의사결정 과정

4 ④

제시된 내용은 아리스토텔레스의 목적론적 세계관에 대한 설명이다. 아리스토텔레스의 주장에 따르면 인간 행위의 궁극적인 목적은 최고선인 행복이고, 행복은 모든 행동의 목적이다. 따라서 이런 입장을 가진 아리스토텔레스가 주장한 내용으로 적절한 것은 보기 중 ④이다.

5 ③

㈎는 칸트의 주장이다. ㈏에서 A는 장애인을 단지 특혜를 위한 수단으로 채용하였다. 따라서 ③과 같은 비판을 받을 수 있다.

6 ③

제시된 내용은 헨리 데이비드 소로의 『시민불복종』 중 일부이다. 소로는 법보다는 정의가 먼저이며, 개인의 양심에 비추어 정의를 판단해야 한다고 주장한다.

① 시민불복종은 특정한 법률에 의심스러운 비정당성이나 도덕적 정당화의 결핍이 존재한다고 본다.

② 시민불복종은 부당한 법을 고의적으로 위반하는 행위라고 할 수 있다.

④ 소로는 시민불복종을 정당화하는 근거를 개인의 양심에서 찾았다.

7 ①

인간, 동물, 환경을 착취하거나 해를 끼치지 않는 상품을 소비하고자 하는 내용에서 윤리적 소비를 설명하고 있음을 알 수 있다.

8 ①

① 식물세포에서 세포벽은 주로 탄수화물 중합체인 섬유소(cellulose)를 주성분으로 한다. 동물세포는 세포막 바깥쪽에 세포벽이 없어 세포의 모양이 불규칙적이고 대체로 둥근 모양이다.

9 ③

③ 엘리뇨 시기에는 서태평양 인근 지역에는 가뭄이 발생하고, 동태평양 페루 연안에는 폭우로 인한 홍수 등의 기상 이변이 발생한다.

※ 엘리뇨와 라니냐

　㉠ 엘리뇨 : 적도 지역 동태평양 해역의 해수면 온도가 평소보다 높아지며, 서태평양 지역에는 가뭄이, 동태평양 지역에는 홍수 등의 기상 이변이 일어나는 현상이다.

　㉡ 라니냐 : 적도 무역풍이 평년보다 강해지면 서태평양의 해수면과 수온은 평년보다 상승하게 되고, 찬 해수의 용승 현상 때문에 적도 동태평양에서 저수온 현상이 강화되어 엘니뇨의 반대현상이 나타난다.

10 ②

수용액 상태에서 [보기]의 성질을 모두 갖는 물질은 암모니아이다. 암모니아는 물에 녹이면 수산화 이온을 내는 염기성 물질이다
$(NH_3 + H_2O \rightarrow NH_4^+ + OH^-)$.

11 ②

공무원의 구분〈「국가공무원법」 제2조 제1항, 제2항〉

① 국가공무원은 경력직공무원과 특수경력직공무원으로 구분한다.

② "경력직공무원"이란 실적과 자격에 따라 임용되고 그 신분이 보장되며 평생 동안(근무기간을 정하여 임용하는 공무원의 경우에는 그 기간 동안을 말한다) 공무원으로 근무할 것이 예정되는 공무원을 말하며, 그 종류는 다음 각 호와 같다.

　1. 일반직공무원 : 기술·연구 또는 행정 일반에 대한 업무를 담당하는 공무원

　2. 특정직공무원 : 법관, 검사, 외무공무원, 경찰공무원, 소방공무원, 교육공무원, 군인, 군무원, 헌법재판소 헌법연구관, 국가정보원의 직원, 경호공무원과 특수 분야의 업무를 담당하는 공무원으로서 다른 법률에서 특정직공무원으로 지정하는 공무원

　3. 삭제 〈2012. 12. 11.〉

③ "특수경력직공무원"이란 경력직공무원 외의 공무원을 말하며, 그 종류는 다음 각 호와 같다.

　1. 정무직공무원

　　가. 선거로 취임하거나 임명할 때 국회의 동의가 필요한 공무원

　　나. 고도의 정책결정 업무를 담당하거나 이러한 업무를 보조하는 공무원으로서 법률이나 대통령령(대통령비서실 및 국가안보실의 조직에 관한 대통령령만 해당한다)에서 정무직으로 지정하는 공무원

　2. 별정직공무원 : 비서관·비서 등 보좌업무 등을 수행하거나 특정한 업무 수행을 위하여 법령에서 별정직으로 지정하는 공무원

　3. 삭제 〈2012. 12. 11.〉

　4. 삭제 〈2011. 5. 23.〉

12 ③

사회재난〈「재난 및 안전관리 기본법」 제3조(정의) 제1호 가목〉 … 화재·붕괴·폭발·교통사고(항공사고 및 해상사고를 포함한다)·화생방사고·환경오염사고 등으로 인하여 발생하는 대통령령으로 정하는 규모 이상의 피해와 국가핵심기반의 마비, 「감염병의 예방 및 관리에 관한 법률」에 따른 감염병 또는 「가축전염병예방법」에 따른 가축전염병의 확산, 「미세먼지 저감 및 관리에 관한 특별법」에 따른 미세먼지 등으로 인한 피해

13 ①

의무소방원의 임무〈「의무소방대설치법 시행령」 제20조(임무) 제1항〉

1. 화재 등에 있어서 현장활동의 보조
   가. 화재 등 재난·재해사고현장에서의 질서유지 등 진압업무의 보조와 구조·구급활동의 지원
   나. 소방용수시설의 확보
   다. 현장 지휘관의 보좌
   라. 상황관리의 보조
   마. 그밖에 현장활동에 필요한 사항의 지원
2. 소방행정의 지원
   가. 문서수발 등 소방행정의 보조
   나. 통신 및 전산 업무의 보조
   다. 119안전센터에서의 소내근무의 보조
   라. 소방용수시설 유지관리의 지원
   마. 소방순찰 및 예방활동의 지원
   바. 차량운전의 지원
3. 소방관서의 경비

14 ②

화재경계지구의 지정 등〈「소방기본법」 제13조 제1항〉
… 시·도지사는 다음 각 호의 어느 하나에 해당하는 지역 중 화재가 발생할 우려가 높거나 화재가 발생하는 경우 그로 인하여 피해가 클 것으로 예상되는 지역을 화재경계지구로 지정할 수 있다.

1. 시장지역
2. 공장·창고가 밀집한 지역
3. 목조건물이 밀집한 지역
4. 위험물의 저장 및 처리 시설이 밀집한 지역
5. 석유화학제품을 생산하는 공장이 있는 지역
6. 「산업입지 및 개발에 관한 법률」 제2조 제8호에 따른 산업단지
7. 소방시설·소방용수시설 또는 소방출동로가 없는 지역
8. 그 밖에 제1호부터 제7호까지에 준하는 지역으로서 소방청장·소방본부장 또는 소방서장이 화재경계지구로 지정할 필요가 있다고 인정하는 지역

15 ②

주택용 소방시설〈「화재예방, 소방시설 설치·유지 및 안전관리에 관한 법률 시행령」 제13조〉 … 법 제8조 제1항 각 호 외의 부분에서 "대통령령으로 정하는 소방시설"이란 소화기 및 단독경보형감지기를 말한다.

16 ①

백드래프트 현상은 산소가 부족하거나 훈소상태에 있는 실내에 산소가 일시적으로 다량 공급될 때 연소가스가 순간적으로 발화하는 현상이다.
② 롤오버(Rollover)
③ 플래시오버(Flashover)
④ 블레비(Bleve)

17 ①

㈎는 발화점, ㈏는 인화점에 대한 설명이다.

18 ④

④ 불활성물질을 첨가하면 폭발범위는 좁아진다.

19 ④

"소방대"란 화재를 진압하고 화재, 재난·재해, 그 밖의 위급한 상황에서 구조·구급 활동 등을 하기 위하여 다음 각 목의 사람으로 구성된 조직체를 말한다〈「소방기본법」 제2조(정의) 제5호〉.
가. 「소방공무원법」에 따른 소방공무원
나. 「의무소방대설치법」 제3조에 따라 임용된 의무소방원
다. 「의용소방대 설치 및 운영에 관한 법률」에 따른 의용소방대원

20 ③

연소의 3요소는 산소, 가연물(연료), 점화원(에너지)의 3가지이다. 점화원은 가연물과 산소의 화학반응을 일으키는 활성화 에너지의 근원이다.

국어

1 ①

① 가전(假傳)이란 어떤 사물이나 동물을 의인화해서 그 일대기를 허구적으로 기록한 형식의 전기로, 이러한 문체로 쓰인 문학작품을 가전체문학이라고 한다. 김시습의 「이생규장전」은 조선 초에 쓰인 한문소설로, 조선 후기 가전체문학 형성과는 거리가 멀다.

2 ③

③ ㉠ **두문불출(杜門不出)** : 집에만 있고 바깥출입을 하지 않음.
ㄴ **홍로점설(紅爐點雪)** : 빨갛게 달아오른 화로 위에 한 송이의 눈을 뿌리면 순식간에 녹아 없어지는 것처럼 흔적도 없이 사라지는 모습을 비유적으로 이르는 말
① ㉠ **상전벽해(桑田碧海)** : 뽕나무밭이 변하여 푸른 바다가 된다는 뜻으로, 세상일의 변천이 심함을 비유적으로 이르는 말
ㄴ **회자정리(會者定離)** : 만난 자는 반드시 헤어짐.
② ㉠ **문전성시(門前成市)** : 찾아오는 사람이 많아 집 문 앞이 시장을 이루다시피 함을 이르는 말
ㄴ **신출귀몰(神出鬼沒)** : 귀신같이 나타났다가 사라진다는 뜻으로, 그 움직임을 쉽게 알 수 없을 만큼 자유자재로 나타나고 사라짐을 비유적으로 이르는 말
④ ㉠ **부화뇌동(附和雷同)** : 줏대 없이 남의 의견에 따라 움직임.
ㄴ **지리멸렬(支離滅裂)** : 이리저리 흩어지고 찢기어 갈피를 잡을 수 없음.

3 ②

• **쌈** : 바늘을 묶어 세는 단위. 한 쌈은 바늘 스물네 개를 이른다.
• **첩** : 약봉지에 싼 약의 뭉치를 세는 단위

• **톳** : 김을 묶어 세는 단위. 한 톳은 김 100장을 이른다.
• **축** : 오징어를 묶어 세는 단위. 한 축은 오징어 스무 마리를 이른다.
• **접** : 채소나 과일 따위를 묶어 세는 단위. 한 접은 채소나 과일 백 개를 이른다.

4 ①

① (가)와 (나) 모두 사물이나 현상을 통해 화자의 감정을 표현하였다.
② 특정한 어미 '-리라'를 반복하여 화자의 강한 의지를 드러내는 것은 (나)이다.
③ '나 하늘로 돌아가리라'라는 동일한 시행을 각 연의 첫 행에 반복하여 리듬감을 형성하였다.
④ (가)와 (나)에는 공감각적 심상이 나타나고 있지 않다.

5 ④

화자는 인생은 소풍, 죽음은 소풍을 끝내고 원래 있던 곳으로 돌아가는 것이라고 이야기하고 있다. 따라서 (나)에 대한 감상으로 옳은 것은 ④이다.

6 ④

④ [제12항] 4에 따르면 'ㅎ(ㄶ, ㅀ)' 뒤에 모음으로 시작된 어미나 접미사가 결합되는 경우에는 'ㅎ'을 발음하지 않는다. 따라서 '닳아'아는 [달아]가 되는데 이때 연음이 일어나 [다라]로 발음한다.

7 ②

② '홑이불'은 '홑-(접사)' + '이불(어근)'의 파생어이다. '이불'의 '이'는 조사나 접미사가 아니기 때문에 제시된 [제17항]을 따라서 발음하지 않는다. '홑이불'은 [홑니불](ㄴ첨가) → [혼니불](음절의 끝소리 규칙) → [혼니불](비음화) 과정을 거쳐 [혼니불]로 발음한다.

8 ①

정진권의 「비닐우산」의 갈래는 수필이다. 수필은 일정한 형식에 얽매이지 않고 자유롭게 표현하는 것을 특징으로 한다.

※ 정진권의 「비닐우산」 작품분석
  ㉠ 갈래 : 수필
  ㉡ 주제 : 볼품없는 비닐우산의 모습에서 발견한 아름다운 효용성
  ㉢ 특징
    • 사물에 대한 일반적인 인식과는 다른 글쓴이만의 개성적인 관점과 시각
    • 역설적인 표현을 통해 대상이 가지는 의미를 강조

9 ④

이 글에서 필자는 비닐우산에 대해 볼품없고 한 군데도 탄탄한 데가 없지만, 아름다운 효용성이 있는 물건이라고 생각한다. 따라서 ④와 같은 해석은 옳지 않다.

10 ②

② '비닐우산의 볼품없는 모습 속에서 발견한 아름다운 효용성'은 이 글에서 필자가 말하고자 하는 주제이다.

11 ③

제시된 대화는 복지관에서 계획하고 있는 플리마켓 행사를 성황리에 개최하기 위한 방법을 찾고자 하는 토의이다. '토의'는 여러 사람이 함께 모여 공동의 주제를 가지고 각자의 의견을 나눈다.

12 ③

C는 SNS를 통해 홍보를 하자는 B에 의견에 대해 자신이 악플을 받았던 개인적인 경험을 바탕으로 감정적으로 반대하고 있다.

13 ④

④ '개수'는 [개쑤]로 소리가 덧나더라도 한자어인 경우에는 사이시옷을 받치지 않으므로 '갯수'로 적지 않고 '개수'로 적는다.
① 작업양→작업량 : 고유어와 외래어 명사 뒤에는 '양'을 쓰고, 한자어 명사 뒤에는 '량'을 쓴다.
② 성공율→성공률 : 'ㄴ' 받침이나 모음 뒤에서는 '율'을 쓰고, 'ㄴ' 이외의 받침이 있는 말 다음에는 '률'을 쓴다.
③ 공난→공란 : 고유어와 외래어 명사 뒤에는 '난'을 쓰고, 한자어 명사 뒤에는 '란'을 쓴다.

14 ③

③ 암돼지 → 암퇘지
※ 한글맞춤법 제31항 … 두 말이 어울릴 적에 'ㅂ' 소리나 'ㅎ' 소리가 덧나는 것은 소리대로 적는다.
  ㉠ 'ㅂ' 소리가 덧나는 것

댑싸리 (대ㅂ싸리)	멥쌀 (메ㅂ쌀)	볍씨 (벼ㅂ씨)	입때 (이ㅂ때)
입쌀 (이ㅂ쌀)	접때 (저ㅂ때)	좁쌀 (조ㅂ쌀)	햅쌀 (해ㅂ쌀)

  ㉡ 'ㅎ' 소리가 덧나는 것

머리카락 (머리ㅎ가락)	살코기 (살ㅎ고기)	수캉아지 (수ㅎ강아지)	수캐 (수ㅎ개)
수컷 (수ㅎ것)	수탉 (수ㅎ닭)	수평아리 (수ㅎ병아리)	안팎 (안ㅎ밖)
암캐 (암ㅎ개)	암컷 (암ㅎ것)	암탉 (암ㅎ닭)	암퇘지 (암ㅎ돼지)

15 ④

④ 겸사를 적극적으로 활용한 것은 근거의 타당성을 높이기 위함이 아니라 왕에 대한 찬사와 함께 자신을 낮추기 위함이다. 책문의 근거의 타당성을 높이기 위해서는 유교 경전과 역사서에서 근거를 찾아 답한다.

16 ②

㈎는 황진이의 시조로 자신이 떠나보낸 임에 대해 그리워하고 있는 심정을 노래하고 있다.
※ 현대어 해석
  아아, 내가 한 일이여! 그리울 줄 몰랐단 말인가?
  있으라 하였더라면 구태여 갔겠는가?
  보내고 그리워하는 정(마음)은 나도 모르겠구나.

17 ①

㈏에서 화자는 자연에 묻혀 사는 즐거움을 임금에 은혜로 돌리고 있다. 〈보기〉에 제시된 작가의 상황으로 볼 때 ㈏의 주제는 단순히 '자연에 묻혀 사는 흥취와 만족감'보다는 그에 대한 임금의 은혜와 '임금에 대한 충성'이라고 볼 수 있다.

※ 현대어 해석

강산이 좋다한들 내 분수로 누웠느냐.
임금 은혜를 이제 더욱 알겠다.
아무리 깊고자 하여도 할 수 있는 일이 없으리.

18 ①

① 제시된 글에서 전문가의 말을 인용한 부분은 나타나 있지 않다.
② 갈릴레이와 존 스노만의 사례를 활용하여 독자의 흥미를 유발하고 있다.
③ 존 스노만이 물이 콜레라균의 매개체라는 것을 증명하기 위해 연구하는 과정을 구체적으로 제시하여 논지를 뒷받침하고 있다.
④ 4문단에 대한 설명이다.

19 ②

② 존 스노만에 의해 콜레라가 물을 통해 전염되는 병인 것이 확인되었다.

20 ③

㉠에서 '밝히다'는 '진리, 가치, 옳고 그름 따위를 판단하여 드러내 알리다'의 뜻으로 쓰였다. 이와 유사한 것은 보기 중 ③이다.
① '빛 따위로 어두운 곳을 환하게 하다'의 의미로 사용되었다.
② '빛을 내는 물건에 불을 켜다'의 의미로 사용되었다.
④ '드러나게 좋아하다'의 의미로 사용되었다.

✏ 국사

1 ①

주먹도끼는 구석기시대의 대표적인 유물이다. 보기 중 구석기시대의 생활모습에 해당하는 것은 ①이다.
② 신석기시대 ③ 청동기시대 ④ 신석기시대

2 ①

① 진대법은 고구려 고국천왕 16년(194)부터 시작된 제도로, 흉년·춘궁기에 국가가 농민에게 양곡을 대여해 주고 수확기에 갚게 한 구휼제도이다.

3 ②

일심사상과 화쟁사상을 통해 ㈎는 원효임을 알 수 있다.

4 ④

고려시대의 사심관제도와 기인제도에 대한 설명이다. 이는 모두 고려 태조 때 시행된 것으로 지방 세력가인 호족을 견제하고 왕권을 강화하기 위한 정책이었다.

5 ③

밑줄 친 왕은 고려 말의 공민왕이다.
③ 노비안검법은 고려 초기 광종 때 실시한 것으로, 양인이었다가 노비가 된 사람을 조사하여 다시 양인이 될 수 있도록 조처한 법이다.

6 ①

제시된 문화재는 석굴암으로 ㈎에 해당하는 국가는 신라이다.
②③ 조선 ④ 고려

7 ③

㈎는 발해이다. 보기 중 발해에 대한 설명은 ③이다.
① 삼한 ② 변한 ④ 신라

8 ②

고려 숙종 때 윤관이 여진 정벌을 위해 만든 군대는
별무반이다.
① 별기군 : 1881년(고종 18)에 설치된 신식 군대
③ 삼별초 : 고려 무신정권 때의 특수군대
④ 훈련도감 : 조선시대에 수도의 수비를 맡아보던 군영

9 ①

① 고려시대의 백정은 조선시대와 달리 양인층에 속
하는 농민이었다.
② 귀족 ③ 천민 ④ 중류층

10 ④

『농사직설』은 세종의 명으로 편찬된 것으로 밑줄 친
우리 임금은 세종이다. 보기 중 세종 재위 기간에 있
었던 사실은 ④이다.
① 통일신라 흥덕왕
② 조선 영조
③ 고려 경종

11 ④

④ 결작은 조선 후기 균역법의 실시에 따른 나라 재
정의 부족을 메우기 위하여 논밭의 소유자에게 부과
한 부가세이다.

12 ①

제시된 내용은 초계문신제에 대한 설명으로 이를 실
시한 왕은 조선의 정조이다. 장용영은 국왕의 호위를
맡아보던 숙위소를 폐지하고 새로운 금위체제에 따라
조직·개편한 국왕 호위군대로 정조 때 설치되었다.
② 세종 확대·개편
③ 세종
④ 세조 때 시작하여 성종 때 완성

13 ②

(가)는 병자호란이다. 청나라에 볼모로 잡혀갔던 효종이
인조의 뒤를 이어 왕위에 오른 후 민족적 굴욕을 씻
기 위해 북벌을 계획하게 되었고, 이를 위한 다양한
정책을 시행하였다.

14 ②

당백전은 흥선대원군이 세도 정치 하에서 실추된 왕
실의 권위를 회복하기 위해 많은 재원이 필요한 경복
궁 중건 사업을 무리하게 강행하면서 그 필요에 따라
발행되었다. 1866년(고종 3) 11월에 주조되어 6개월여
동안 유통되었다.

15 ④

백두산정계비문의 내용 가운데 '토문'이라는 말을 놓고
조선은 만주 쑹화 강의 한 부분이라고 주장하고, 청나
라는 두만강이라고 주장하면서 간도의 귀속 문제가
발생하였다. 1909년 일제는 청나라와 간도 협약을 맺
어 남만주의 안동-봉천 간 철도 부설권을 얻는 대신,
간도를 청나라에 넘겨버렸다.
①② 독도 ③ 거문도

16 ③

(가)는 독립협회이다. 만민공동회는 독립협회가 행한 정
치활동의 하나로 시민·단체회원·정부관료 등이 참
여한 대중집회이다.

17 ③

조선태형령은 일제가 1912년 4월부터 1920년 3월까지
시행한 형벌 제도로, 조선인에게 합법적 처벌수단으로
태형을 인정한 법령이다. 1910년대 일제 무단통치의
폭압성을 상징한다. 보기 중 1910년대에 해당하는 것
은 ③이다.
① 1938년 ② 1905년 ④ 1931~1934년

18 ④

제시된 설명에 해당하는 단체는 1919년 만주 지린성에서 조직된 항일 무력독립운동 단체인 의열단이다. 조선형명선언은 1923년에 신채호가 김원봉의 부탁을 받아 의열단의 독립운동이념과 방략을 이론화해 천명한 선언서이다.

19 ③

나. 모스크바 3국 외상회의 : 1945년 12월

라. 제1차 미·소공동위원회 개최 : 1946년 3월

다. 남북연석회의 개최 : 1948년 4월

가. 5·10 총선거 실시 : 1945년 5월

20 ②

제시된 내용은 4·19 혁명 이후인 1960년 4월 25일에 대학교수단이 발표한 4·25 시국선언문의 일부이다. 4·19 혁명은 학생과 시민이 중심 세력이 되어 일으킨 반독재 민주주의 운동으로, 이승만 대통령의 하야로 이어졌다.

✎ 일반상식

1 ②

① 오존층은 지상 약 20∼30㎞ 부근으로 성층권에 있다.

③ 열권은 고도 약 80㎞ 이상으로 지표면에서 가장 멀다. 대기권의 순서는 지표로 부터 대류권 − 성층원 − 중간권 − 열권이다.

④ 성층권에서는 오존층이 태양 복사 에너지의 자외선을 흡수하여 고도가 높아질수록 기온이 상승한다.

2 ④

제시된 두 사례는 물체가 받는 충격량이 같을 때, 충격이 작용하는 시간이 길수록 단위 시간당 힘의 크기가 작아지는 원리를 활용한 것이다. 자동차의 에어백은 사람이 자동차와 충돌하는 시간을 길게 하여 사람이 받는 충격을 최소화하는 장치이다.

3 ④

④ 활성화 에너지란 화학 반응이 일어나게 하기 위해 공급해 주어야 하는 최소한의 에너지로, 효소는 반응의 활성화 에너지를 낮춰 반응이 더 잘 일어나게 하는 촉매 역할을 한다.

4 ③

위헌법률심판은 국회에서 제정한 법률이 헌법에 위반되는지 여부를 심사하는 것으로 헌법재판소의 역할이다.

5 ①

두 사례는 모두 참정권에 해당한다. 참정권에는 투표에 참여할 수 있는 선거권과 국민이 국가나 지방자치단체 기관의 구성원이 되어 공무를 담당할 수 있는 권리인 공무담임권 등이 있다.

① 참정권 ② 청구권 ③ 사회권 ④ 자유권

6 ③

③ 가격이 동일하다면 만족도가 가장 높은 A를 선택하는 것이 합리적이다.

① 기회비용은 어떤 선택으로 인해 포기된 기회들 가운데 가장 큰 가치를 갖는 기회의 가치이므로, A를 선택할 경우 기회비용은 C의 85점이 된다.

② 디자인을 고려하지 않아도 65, 50, 55점으로 A를 선택하는 것이 합리적이다.

④ 가격이 동일할 때, B를 선택했을 때의 기회비용과 C를 선택했을 때의 기회비용은 모두 A의 90점으로 가장 많다.

7 ③

① 불, 과학법칙은 ㉡ 발견에 해당한다.

② 원래 존재하지 않았던 새로운 것을 만들어 내는 것은 ㉠ 발명이다.

④ 인적 교류를 통해 중국에서 우리나라로 한자와 불교가 들어온 것은 직접 전파에 해당한다. 간접 전파는 대중매체를 통한 정보·사상·관념 등의 전파이다.

8 ③

맹자는 제시된 글에서 '백성들은 생업이 없으면 흔들림 없는 도덕적인 마음도 없어진다'고 하면서 지혜로운 왕은 백성들의 생업을 제정해 줘야 한다고 언급하고 있다. 따라서 이 글에서 주장하는 내용으로 가장 옳은 것은 ③이다.

9 ③

제시된 레오폴드의 대지윤리는 모든 것들이 상호 의존함으로써 존재하는 생명공동체인 대지를 도덕의 대상으로 삼는 생태중심윤리의 대표적 이론이다.

10 ②

루소는 '선'이, 미시간대학 연구팀의 연구결과는 남을 도우며 더불어 사는 삶의 즐거움이 행복의 조건이라고 말하고 있다. 따라서 공통적으로 나타나고 있는 인간 행복의 조건은 ②라고 볼 수 있다.

11 ③

화재의 유형

㉠ A급 화재 – 일반화재

㉡ B급 화재 – 유류화재

㉢ C급 화재 – 전기화재

㉣ D급 화재 – 금속화재

㉤ E급 화재 – 가스화재

㉥ K급 화재 – 주방화재

※ E급 화재를 B급 화재에 포함시켜 유류·가스화재로 구분하기도 한다.

12 ②

소화활동설비〈「화재예방, 소방시설 설치·유지 및 안전관리에 관한 법률 시행령」 [별표 1] 소방시설 참고〉 … 화재를 진압하거나 인명구조활동을 위하여 사용하는 설비로서 다음 각 목의 것

가. 제연설비

나. 연결송수관설비

다. 연결살수설비

라. 비상콘센트설비

마. 무선통신보조설비

바. 연소방지설비

13 ③

소방안전관리대상물(= 대통령령으로 정하는 특정소방대상물)의 관계인이 소방안전관리자를 선임한 경우에는 행정안전부령으로 정하는 바에 따라 선임한 날부터 14일 이내에 소방본부장이나 소방서장에게 신고하고, 소방안전관리대상물의 출입자가 쉽게 알 수 있도록 소방안전관리자의 성명과 그 밖에 행정안전부령으로 정하는 사항을 게시하여야 한다〈「화재예방, 소방시설 설치·유지 및 안전관리에 관한 법률」 제20조(특정소방대상물의 소방안전관리) 제4항〉.

14 ①

① 소방청장, 소방본부장 또는 소방서장은 화재가 발생하였을 때에는 화재의 원인 및 피해 등에 대한 조사(이하 "화재조사"라 한다)를 하여야 한다〈「소방기본법」 제29조(화재의 원인 및 피해 조사) 제1항〉.

15 ②

소방신호의 종류〈「소방기본법 시행규칙」 제10조 제1항〉

1. 경계신호 : 화재예방상 필요하다고 인정되거나 법 제14조의 규정에 의한 화재위험경보 시 발령

2. 발화신호 : 화재가 발생한 때 발령

3. 해제신호 : 소화활동이 필요없다고 인정되는 때 발령

4. 훈련신호 : 훈련상 필요하다고 인정되는 때 발령

16 ④

피난구조설비〈「화재예방, 소방시설 설치·유지 및 안전관리에 관한 법률 시행령」 [별표 1] 소방시설 참고〉 … 화재가 발생할 경우 피난하기 위하여 사용하는 기구 또는 설비로서 다음 각 목의 것

가. 피난기구

　1) 피난사다리

　2) 구조대

　3) 완강기

　4) 그 밖에 법 제9조 제1항에 따라 소방청장이 정하여 고시하는 화재안전기준으로 정하는 것

나. 인명구조기구

　1) 방열복, 방화복(안전헬멧, 보호장갑 및 안전화를 포함한다)

　2) 공기호흡기

　3) 인공소생기

다. 유도등

　1) 피난유도선

　2) 피난구유도등

　3) 통로유도등

　4) 객석유도등

　5) 유도표지

라. 비상조명등 및 휴대용비상조명등

17 ②

포소화약제 혼합장치 … 포소화약제를 사용농도에 적합한 수용액으로 혼합하는 장치로서 포소화설비에 사용되는 것을 말한다.

㉠ 펌프 프로포셔너 방식 : 펌프의 토출관과 흡입관 사이의 배관도중에 설치한 흡입기에 펌프에서 토출된 물의 일부를 보내고, 농도조정밸브에서 조정된 포소화약제의 필요량을 포소화약제 탱크에서 펌프 흡입측으로 보내어 이를 혼합하는 방식을 말한다.

㉡ 프레저 프로포셔너 방식 : 펌프와 발포기의 중간에 설치된 벤추리관의 벤추리작용과 펌프가압수의 포소화약제 저장탱크에 대한 압력에 따라 포소화약제를 흡입·혼합하는 방식을 말한다.

㉢ 라인 프로포셔너 방식 : 펌프와 발포기의 중간에 설치된 벤추리관의 벤추리 작용에 따라 포소화약제를 흡입·혼합하는 방식을 말한다.

㉣ 프레저 사이드 프로포셔너 방식 : 펌프의 토출관에 압입기를 설치하여 포소화약제 압입용펌프로 포소화약제를 압입시켜 혼합하는 방식을 말한다.

18 ④

"긴급구조기관"이란 소방청·소방본부 및 소방서를 말한다. 다만, 해양에서 발생한 재난의 경우에는 해양경찰청·지방해양경찰청 및 해양경찰서를 말한다〈「재난 및 안전관리 기본법」 제3조(정의) 제7호〉.

19 ①

㉠은 플래시오버, ㉡은 백드래프트에 대한 설명이다.

20 ①

자연재난〈「재난 및 안전관리 기본법」 제3조(정의) 제1호 가목〉 … 태풍, 홍수, 호우(豪雨), 강풍, 풍랑, 해일(海溢), 대설, 한파, 낙뢰, 가뭄, 폭염, 지진, 황사(黃砂), 조류(藻類) 대발생, 조수(潮水), 화산활동, 소행성·유성체 등 자연우주물체의 추락·충돌, 그 밖에 이에 준하는 자연현상으로 인하여 발생하는 재해

✏ 국어

1 ③

③ '본론 1'에서 문화재 관리가 안 되는 이유를 짚어보고, '본론 2'에 그에 대한 관리 방안을 제시하고 있다. '본론 2'의 2) 종합적인 문화재 관리 시스템 마련은 '본론 1'에서 제기된 2) 기관별 개별적인 문화재 관리에 대한 해결 방안이므로, '본론 2'에서 다시 이에 대한 문제점을 추가하는 것은 적절하지 않다.

2 ④

결론은 본론의 내용을 다시 한 번 요약·정리하며, 주제를 환기하는 내용이 들어가야 한다. 따라서 ④가 가장 적절하다.

3 ④

④ '설움에 잠길 테요', '내 보람 서운케 무너졌느니', '섭섭해 우옵내다' 등 직접적인 정서의 표출을 통해 화자의 내면을 드러내고 있다.

4 ③

㉠은 겉보기에는 논리적으로 모순되어 보이나, 그 속에 중요한 진실을 담고 있는 역설적 표현이다. 즉, '찬란한'과 '슬픔'이 서로 모순되지만 함께 쓰임으로써 그 의미를 심화하는 것이다. 보기 중 ③의 '결별'과 '축복' 역시 이와 같은 역설적 표현이라고 할 수 있다.

5 ②

② 전개되는 내용과 상반되는 주장을 추가하여 설명을 보충하는 전개 방식은 나타나고 있지 않다.
① 2문단 시작에서 『사기』의 「자객열전」을 읽는 구체적인 사례를 들어 자신의 주장을 독자에게 설명하고 있다.

③ 2문단에서 선생님과의 가상의 대화 상황을 설정하여 자신의 주장을 독자가 이해하도록 하고 있다.
④ 3문단에서 주자의 격물도 자신이 주장하는 방법과 같음을 들어 주장을 강화하고 있다.

6 ②

화자는 독서란 매번 한 글자를 읽을 때마다 뜻이 분명치 않은 부분이 있으면 널리 살펴보고 자세히 궁구하여 그 근원되는 뿌리를 얻어야 한다고 하고 있다. 2문단에서도 '조(祖)' 자의 본래 의미를 살펴보기 위해 『통전』, 『통지』, 『통고』 같은 책에서 '조례'의 예법을 살펴 차례대로 모아 책을 만들면 길이 남을 책이 될 것이다라고 언급한다. 즉, 독서를 함에 있어 생긴 의문을 풀기 위해 다른 책을 읽으면서 깊이를 넓혀가야 함을 이야기하고 있다.

7 ③

③의 '하나'는 명사로 앞뒤에 다른 형태소가 직접 연결되지 않아도 문장에서 쓰일 수 있는 자립 형태소이다.
① '햇–'은 접두사로 의존 형태소이다.
② '–은'은 어미로 의존 형태소이다.
④ '머금–'은 어간으로 의존 형태소이다.

8 ①

1~2문단에서는 언어가 우리의 사고를 지배한다는 '언어의 상대성 이론'에 대해 설명하고 있으며, 3문단에서는 이에 대한 반론으로 언어가 그만큼 우리의 사고를 철저하게 지배하는 것은 아니라는 것을 보여주는 사례를 들어 제시하고 있다. 따라서 이 글의 주제로는 ①이 가장 적절하다.

9 ①

〈보기〉에서는 말을 하지 못하는 아기라도 자기가 갖고 싶은 물건에 대한 의사표현을 하고 있다. 즉, 언어가 없이도 사고가 이루어지고 있는 것으로, 언어가 우리의 행동과 사고의 양식을 결정하고 주조한다는 워프의 견해에 의문을 제기할 수 있다.

10 ④

② '께서'는 (사람을 나타내는 체언 뒤에 붙어) 그 대상을 높임과 동시에 그 대상이 문장의 주어임을 나타내는 격조사이다.

11 ④

㈎는 작은 초가집을 지어 달과 바람에게 한 칸씩 내어주고 강산은 병풍처럼 둘러놓고 지내겠다는 마음을 노래하고 있다.
④ 이상과 현실 간의 괴리는 이 시조에서 드러나고 있지 않다.

12 ①

① 기심 매러/ 갈 적에는/ 갈뽕을/ 따 가지고/
기심 매고/ 올 적에는/ 올 뽕을/ 따 가지고→대구법
②③④는 '해야 솟아라', '형님 온다', '왕이로소이다'를 점층과 반복을 통해 표현하고 있다.
※ **대구법** … 어조가 비슷한 문구를 나란히 두어 문장의 변화와 안정감을 주는 표현법

13 ②

②는 명사이고 나머지 ①③④는 동사로, 명사형 어미 '-ㅁ/-음'이 결합되었다.

14 ③

③ '치르다'는 '치러', '치르니' 등으로 활용한다. 이때 '치러'는 '치르 + 어'에서 'ㅡ'가 탈락한 것으로 규칙활용에 해당한다.

15 ②

② 주인공의 내면세계를 보여주는 의식의 흐름 기법을 사용하여 이야기를 전개하고 있다.

16 ②

3문단에서 한 시간 후면 그들에게 끌려가 둑길을 걷다 수발에 총을 맞고 하얀 눈을 붉은 피로 물들여 가며 모든 것이 끝날 것이라고 언급하고 있다.

17 ③

③ 공방의 행동에 대해 비판적인 시각을 드러내고 있다.
① 공방이란 엽전에 뚫린 네모난 구멍을 가리키는 말로서, 「공방전」은 엽선을 의인화한 우화이다.
② 1문단에서 '공방의 성질이 탐욕에 물들어서 부끄러운 구석이 별로 없었다'고 직접적으로 제시하고 있다.
④ 마지막 부분에서 사신의 말은 작가의 생각이자 주제라고 볼 수 있다.

18 ①

① **매관매직(賣官賣職)** : 돈이나 재물을 받고 벼슬을 시킴.
② **괄목상대(刮目相對)** : 눈을 비비고 상대편을 본다는 뜻으로, 남의 학식이나 재주가 놀랄 만큼 부쩍 늚.
③ **수주대토(守株待兔)** : 한 가지 일에만 얽매여 발전을 모르는 어리석은 사람을 비유적으로 이르는 말
④ **남부여대(男負女戴)** : 남자는 지고 여자는 인다는 뜻으로, 가난한 사람들이 살 곳을 찾아 이리저리 떠돌아다님을 비유적으로 이르는 말

19 ②

② '좋아도'는 [조아도]로 발음한다. 'ㅎ'이 탈락하였다. →음운 탈락
① '법학'은 [버팍]으로 발음한다. 'ㅂ'과 'ㅎ'이 만나 축약되어 'ㅍ'이 되었다.
③ '그려'는 '그리- + -어'로 모음 축약에 해당한다.
④ '와서'는 '오- + -아서'로 모음 축약에 해당한다.

20 ②

① 부사 '덥수룩이'로 ⓒ에 적용된 규정을 따른 것이다.
③ '쓸쓸히'는 '이, 히'로 나는 것에 해당한다. 따라서 ②에 적용된 규정을 따른 것이다.
④ '엄격히'는 '히'로만 나는 것에 해당한다. 따라서 ⓒ에 적용된 규정을 따른 것이다.

1 ④

간석기, 빗살무늬 토기 등을 통해 ㈎는 신석기시대임을 알 수 있다. 보기 중 신석기시대에 대한 설명은 ④이다.

①② 청동기시대   ③ 구석기시대

2 ①

㈎는 동예이다. 동예에는 한 부락 사람이 다른 부락의 경계를 침범하면 여러 가지 재물로 배상한다는 내용의 책화의 풍습이 있었다.

② 고구려   ③ 변한   ④ 삼한

3 ②

㈎는 광개토대왕의 아들인 고구려의 장수왕이다. 보기 중 장수왕의 업적은 ②로, 장수왕은 국내성에서 평양으로 수도를 옮기며 남진 정책을 펼쳤다.

① 고구려 광개토대왕

③ 신라 법흥왕

④ 신라 지증왕

4 ④

제시된 내용은 신라 말기 왕위 쟁탈전에 대한 내용이다. 선종은 신라 말 지방 호족들의 지지를 받으면서 크게 유행하였다.

① 고구려 고국천왕

② 고려 최충헌 집권기

③ 고려 충렬왕

5 ③

③ 성종은 지방을 효과적으로 다스리기 위해 교통이 편리한 지역에 12개의 목(牧)을 설치하였다.

① 고려 공양왕

② 고려 태조

④ 고려 광종

6 ③

제시된 내용은 만적의 난과 관련된 사료이다. 만적은 최충헌의 사노로서, 무신의 난 이후 정치혼란과 함께 신분계급에 큰 변동을 일으켜 하극상의 풍조가 팽배한 사회적 분위기를 틈타 난을 일으켰다.

7 ④

밑줄 친 왕은 고려 말의 공민왕이다. 보기 중 공민왕의 업적은 ④이다.

① 고려 숙종   ② 고려 고종   ③ 고려 경종

8 ④

제시된 내용은 조선 성종의 업적이다. 성종은 세조 때 편찬을 시작한 경국대전을 완성해 반포하였다.

① 조선 세종   ② 조선 고종   ④ 조선 태종, 세조

9 ①

조의제문은 조선 전기의 학자 김종직이 수양대군의 왕위 찬탈을 비난한 글이다. 김종직의 제자 김일손에 대해 앙심을 품고 있던 이극돈은 사초에 실린 조의제문을 발견하고 김종직 일파를 세조에 대한 불충의 무리로 몰아 큰 옥사를 일으켰는데, 이것이 무오사화(戊午史禍)이다.

10 ③

㈎는 비변사이다. 비변사는 원래 군사와 관련된 중요 업무를 의논해 결정하던 회의 기구이다. 하지만 임진왜란 등을 겪으면서 의정부를 대신하여 국정 전반을 총괄하는 실질적인 관청의 역할을 하였다.

11 ①

㈎는 대동법이다. 공인은 관으로부터 정식 허가를 받고 정부가 공물로 받은 대동미와 대동포, 전등을 지급받아 관부의 수요품을 구입 조달하는 특권상인이었다.

② 호포제   ③ 균역법   ④ 영정법

12 ②

㈎에 해당하는 왕은 조선의 영조이다. 보기 중 영조 재위 기간에 있었던 사실은 ②이다.

① 조선 현종 ③ 조선 숙종 ④ 조선 정조

13 ③

세도 정치는 조선 후기 특히 19세기에 극소수의 권세 가를 중심으로 국가가 운영되던 정치형태를 말한다. 순조, 헌종, 철종대에는 안동 김씨, 풍양 조씨 등의 외척 세력이 정권을 잡고 청치를 좌지우지하였다.

14 ①

밑줄 친 이 나라는 미국이다. 제너럴셔먼호 사건은 이 후 신미양요(1871)의 빌미가 된다.

15 ①

- 황토현 전투 1894년 4월 7일
- 남·북접 부대의 논산 집결 1894년 11월
- ① 집강소 체제는 농민군이 전주성을 물러난 뒤인 7 월 초 전봉준과 전라도관찰사 김학진이 농민군 측 과 정부 측이 협력하여 도내의 안정과 치안질서를 바로잡고 그 구체적인 실행방법으로서 군현 단위 로 집강소를 두기로 하는 관민상화책에 합의함으 로써 전면화되었다.
- ② 우금치 전투 1894년 11월(남·북접 부대 논산 집결 이후)
- ③ 보은 집회 1893년 3월
- ④ 고부 관아 습격 1894년 1월

※ 동학 농민 운동 전개 과정

동학 창시 1860년→삼례 집회(교조신원운동) 1892년 11월→보은 집회 1893년 3월→고부 관아 습격 1894년 1월→무장봉기 1894년 3월→고부 백산에서 4대강령 발표 1894년 3월 26일→황토현 전투 1894년 4월 7일→장성 황룡촌 전투 1894년 4월 23일→전주성 점령 1894년 4월 27일→전주 화약 체결 1894년 5월→정부 주도로 교정청 설치 1894년 6월 11일→일본군의 경복궁 점령 1894년 6월 21일→청일전쟁 발발 1894년 6월 23일→1차 갑오개혁 1894년 6월 25일→남·북접군대의 논산 집결 1894년 11월→우금치 전투 대패 1894년 11 월→전봉준 순창에서 체포·압송 1894년 12월

16 ③

㈎는 신민회이다.

③ 일제는 평안도에서 활동하던 민족운동가 700여 명 을 데라우치 총독 암살 미수 혐의로 잡아들여 총 123 명을 기소했는데, 이중 105명이 1심에서 유죄가 선고 되었다. 105인 사건으로 인해 신민회는 본래의 기능과 역할이 마비되었고, 국내에서는 1911년 9월부터 실질 적으로 해체 상태에 들어갔다.

17 ④

베델은 한말의 영국 언론인으로『데일리메일』의 특파 원으로 내한하여 양기탁과 함께『대한매일신보』,『코 리아타임즈』를 창간하였다.

18 ②

조선태형령은 1910년대 일제의 무단통치기이다.

① 1925년 ③ 1920년 3~4월 ④ 1941년

19 ④

6·25 전쟁의 전개 과정

㈎ 북한의 남침(1950. 6. 25.)

㈏ UN군 파견(1950. 7. 17.) → 인천상륙작전(9. 15.) → 서울 탈환(9. 28.) → 압록강까지 진격(10. 26.)

㈐ 중국군 개입(1950. 10. 25.) → 1·4 후퇴(1951. 1. 4.)

㈑ 38도선을 중심으로 한 치열한 전투 및 휴전(1951. 3.~1953. 7. 27.)

20 ①

제시된 내용은 4·19 혁명이 일어나게 된 계기이다. 4·19 혁명은 학생과 시민이 중심 세력이 되어 일으 킨 반독재 민주주의 운동으로, 이승만 대통령의 하야 로 이어졌다.

1 ③

문화동화는 한 사회에 다른 사회의 문화 요소가 전파되었을 때 기존의 문화 요소가 전파된 문화 요소에 흡수되거나 대체되어 소멸되는 현상이다.

① **문화융합** : 기존의 문화 요소와 새로 전파된 다른 사회의 문화 요소의 상호 작용으로 이전의 두 문화 요소와는 다른 새로운 제3의 문화가 나타나는 현상

② **문화병존** : 한 사회 안에서 기존 문화 요소와 새로 전파된 다른 사회의 문화 요소가 서로 흡수되지 않고 고유한 성격을 유지하며 함께 존재하는 현상

④ **문화상대주의** : 세계 문화의 다양성을 인정하고 각 문화는 문화의 독특한 환경과 역사적·사회적 상황에서 이해해야 한다는 견해

2 ②

제시된 내용은 영국의 경제학자 애덤 스미스의 저서 『국부론』의 일부이다. 애덤 스미스는 이 책을 통해 자유방임주의를 표방하였다.

3 ①

갑은 윤리적 소비를, 을은 합리적 소비를 추구하는 입장이다.

② 을의 관점이다.

③④ 을은 합리적 소비를 추구하는 입장으로 자신이 소유한 자원의 범위 내에서 최대 만족을 얻고자 하기 때문에 소득 수준을 고려하며, 과시하기 위한 소비는 하지 않는다.

4 ④

④ 여성 할당제는 정치·경제·교육·고용 등 각 부문에서 채용이나 승진 시 일정한 비율을 여성에게 할당하는 제도로, 사회적 약자인 여성의 입장에서 남녀평등을 실현하기 위한 적극적 우대 조치의 일환이다.

5 ③

제시된 글에서는 적극적 평화를 추구한다. 따라서 국제 평화를 전쟁이 없는 상태, 즉 소극적 평화의 상태로 한정하는 ③은 옳지 않다.

6 ①

① 10월 유신은 1972년 10월 17일 대통령 박정희가 장기집권을 목적으로 단행한 초헌법적 비상조치이다.

7 ④

나. 미국 독립 선언 1776년

가. 영국 인민헌장, 차티스트 운동 1838년

라. 독일 바이마르 헌법 1919년

다. UN 인권선언 1948년

8 ③

송전선의 저항을 R이라고 하면 송전선에 의한 전력 손실은 $\Delta P = I^2R = \left(\dfrac{P}{V}\right)^2 R$이다.

ㄴ. 전력 손실은 송전선의 저항(R)에 비례하므로 송전선의 저항을 줄이면 전력 손실도 줄어든다.

ㄱ. 전력 손실은 전류 세기(I)의 제곱에 비례하므로 전류의 세기를 증가시키면 전력 손실도 커진다.

ㄷ. 전력 손실은 송전 전압(V)의 제곱에 반비례하므로 송전 전압을 낮추면 전력 손실이 커진다.

9 ①

산화환원반응에서 전자를 잃은 쪽은 산화수가 증가하고 산화되며, 전자를 얻은 쪽은 산화수가 줄어들고 환원된다. 따라서 (개)에서 산화되는 물질은 전자를 잃은 Zn이고, (내)에서 산화되는 물질은 Mg이다.

10 ③

충격량은 물체의 운동량에 변화를 주는 물리량으로서, 힘과 힘이 작용한 시간의 곱으로 구한다. 즉, N·s이므로 2 × 5 = 10이다.

11 ②

② B급 화재는 가스·유류화재, C급 화재는 전기화재이다. 물 소화약제는 B급 화재에서는 오히려 화재가 확대될 수 있고, C급 화재에서는 소화는 가능하지만 감전의 위험이 있다. 물 소화약제는 주로 일반화재인 A급 화재에 사용한다.

12 ①

블레비(Bleve) 현상은 가스탱크가 화재에 노출되었을 때, 탱크의 내부압력이 증가하여 탱크가 파열되면서 외부로 가스가 분출·착화하여 폭발하는 현상이다.

② **플래시오버** : 실내 전체가 발화온도까지 미리 충분히 가열된 상태에서 한순간에 화재로 뒤덮이는 현상

③ **백드래프트** : 산소가 부족하거나 훈소상태에 있는 실내에 산소가 일시적으로 다량 공급될 때 연소가스가 순간적으로 발화하는 현상

④ **슬롭오버** : 중질유 화재 시 고온의 열유층의 유면이 밑쪽에 형성되는데 이때 표면의 온도보다 비등점이 낮은 액체(소화용수나 포)가 주입되면 급격한 기화의 압력으로 연소하고 있는 기름을 밖으로 비산·분출하는 현상

13 ①

연소의 4요소는 연소의 3요소인 가연물, 산소, 점화원(에너지)에 연쇄반응을 포함한 것을 말한다. 제시된 설명에 해당하는 소화방법은 점화원의 에너지를 제거하여 소화하는 방법으로 냉각소화법에 해당한다. 냉각소화법은 가장 흔히 사용되는 방법으로 불에 타고 있는 물질에 물을 뿌리는 것 등이 해당한다.

② **제거소화법** : 가연물 제거 (예) 기름 탱크에 불이 났을 때 기름을 빼내거나 산불이 났을 때 방어선을 설정하여 나무를 자르는 것 등

③ **질식소화법** : 산소 공급 차단 (예) 대기 중의 산소 농도를 떨어뜨리기 위해 타고 있는 물질에 이산화탄소를 방사하거나 화재가 난 곳에 모래를 뿌리는 것 등

④ **부촉매소화법** : 연쇄반응 억제 (예) 분말 소화약제, 할론 소화기 등

14 ①

의무소방원의 임무〈「의무소방대설치법 시행령」 제20조(임무) 제1항〉

1. 화재 등에 있어서 현장활동의 보조

가. 화재 등 재난·재해사고현장에서의 질서유지 등 진압업무의 보조와 구조·구급활동의 지원

나. 소방용수시설의 확보

다. 현장 지휘관의 보좌

라. 상황관리의 보조

마. 그밖에 현장활동에 필요한 사항의 지원

2. 소방행정의 지원

가. 문서수발 등 소방행정의 보조

나. 통신 및 전산 업무의 보조

다. 119안전센터에서의 소내근무의 보조

라. 소방용수시설 유지관리의 지원

마. 소방순찰 및 예방활동의 지원

바. 차량운전의 지원

3. 소방관서의 경비

15 ②

관계지역〈「소방기본법」 제2조(정의) 제2호〉 … 소방대상물이 있는 장소 및 그 이웃 지역으로서 화재의 예방·경계·진압, 구조·구급 등의 활동에 필요한 지역을 말한다.

16 ④

교육·훈련의 종류 및 교육·훈련을 받아야 할 대상자
〈「소방기본법 시행규칙」[별표 3의2] 소방대원에게 실
시할 교육·훈련의 종류 등 참고〉

종류	교육·훈련을 받아야 할 대상자
화재진압훈련	1) 화재진압업무를 담당하는 소방공무원 2) 「의무소방대설치법 시행령」제20조 제1항 제1호에 따른 임무를 수행하는 의무소방원 3) 「의용소방대 설치 및 운영에 관한 법률」제3조에 따라 임명된 의용소방대원
인명구조훈련	1) 구조업무를 담당하는 소방공무원 2) 「의무소방대설치법 시행령」제20조 제1항 제1호에 따른 임무를 수행하는 의무소방원 3) 「의용소방대 설치 및 운영에 관한 법률」제3조에 따라 임명된 의용소방대원
응급처치훈련	1) 구급업무를 담당하는 소방공무원 2) 「의무소방대설치법」제3조에 따라 임용된 의무소방원 3) 「의용소방대 설치 및 운영에 관한 법률」제3조에 따라 임명된 의용소방대원
인명대피훈련	1) 소방공무원 2) 「의무소방대설치법」제3조에 따라 임용된 의무소방원 3) 「의용소방대 설치 및 운영에 관한 법률」제3조에 따라 임명된 의용소방대원
현장지휘훈련	소방공무원 중 다음의 계급에 있는 사람 1) 지방소방정 2) 지방소방령 3) 지방소방경 4) 지방소방위

17 ③

소화설비〈「화재예방, 소방시설 설치·유지 및 안전관리에 관한 법률 시행령」[별표 1] 소방시설 참고〉 ··· 물 또는 그 밖의 소화약제를 사용하여 소화하는 기계·기구 또는 설비로서 다음 각 목의 것

가. 소화기구
   1) 소화기
   2) 간이소화용구 : 에어로졸식 소화용구, 투척용 소화용구 및 소화약제 외의 것을 이용한 간이소화용구
   3) 자동확산소화기

나. 자동소화장치
   1) 주거용 주방자동소화장치
   2) 상업용 주방자동소화장치
   3) 캐비닛형 자동소화장치
   4) 가스자동소화장치
   5) 분말자동소화장치
   6) 고체에어로졸자동소화장치
다. 옥내소화전설비(호스릴옥내소화전설비를 포함한다)
라. 스프링클러설비등
   1) 스프링클러설비
   2) 간이스프링클러설비(캐비닛형 간이스프링클러설비를 포함한다)
   3) 화재조기진압용 스프링클러설비
마. 물분무등소화설비
   1) 물 분무 소화설비
   2) 미분무소화설비
   3) 포소화설비
   4) 이산화탄소소화설비
   5) 할론소화설비
   6) 할로겐화합물 및 불활성기체 소화설비
   7) 분말소화설비
   8) 강화액소화설비
   9) 고체에어로졸소화설비
바. 옥외소화전설비

18 ②

위험물의 유별에 따른 성질의 분류〈「위험물안전관리법 시행령」[별표 1] 위험물 및 지정수량 참고〉
㉠ 제1류 : 산화성고체
㉡ 제2류 : 가연성고체
㉢ 제3류 : 자연발화성물질 및 금수성물질
㉣ 제4류 : 인화성액체
㉤ 제5류 : 자기반응성물질
㉥ 제6류 : 산화성액체

19 ④

사회재난〈「재난 및 안전관리 기본법」 제3조(정의) 제1호 가목〉 ⋯ 화재 · 붕괴 · 폭발 · 교통사고(항공사고 및 해상사고를 포함한다) · 화생방사고 · 환경오염사고 등으로 인하여 발생하는 대통령령으로 정하는 규모 이상의 피해와 국가핵심기반의 마비, 「감염병의 예방 및 관리에 관한 법률」에 따른 감염병 또는 「가축전염병 예방법」에 따른 가축전염병의 확산, 「미세먼지 저감 및 관리에 관한 특별법」에 따른 미세먼지 등으로 인한 피해

20 ③

"감식"이란 화재원인의 판정을 위하여 전문적인 지식, 기술 및 경험을 활용하여 주로 시각에 의한 종합적인 판단으로 구체적인 사실관계를 명확하게 규명하는 것을 말한다〈「화재조사 및 보고규정」 제2조(용어의 정의) 제3호〉.

① 조사 : 화재원인을 규명하고 화재로 인한 피해를 산정하기 위하여 자료의 수집, 관계자 등에 대한 질문, 현장확인, 감식, 감정 및 실험 등을 하는 일련의 행동을 말한다〈「화재조사 및 보고규정」 제2조(용어의 정의) 제2호〉.

② 감정 : 화재와 관계되는 물건의 형상, 구조, 재질, 성분, 성질 등 이와 관련된 모든 현상에 대하여 과학적 방법에 의한 필요한 실험을 행하고 그 결과를 근거로 화재원인을 밝히는 자료를 얻는 것을 말한다〈「화재조사 및 보고규정」 제2조(용어의 정의) 제4호〉.

서 원 각

www.goseowon.com